Anziehpuppen

Amigurumi- Häkelanleitungen

von Sayjai Thaworn

Aus der Serie : Sayjais Amigurumi Häkelanleitungen, Band 3
K and J Publishing, 16 Whitegate Close, Swavesey, Cambridge CB24 4TT, England

Inhaltsverzeichnis

Puppen

18 Kleiner Teddybär
20 Grundanleitung Puppe
23 Puppe „Lilly“
25 Puppe „Evie“
27 Puppe „Junge“
29 Puppe „Bär“
31 Puppe „Häschen“

Kleidung

33 Unterhose
34 Bikini
36 Badehose
49 Nachtwäsche
50 Sommerkleidchen
52 Latzkleid
54 Latzhose
56 Weihnachtskleidchen
60 Bolero und Schal
62 Trägerkleidchen
64 Kleid mit Glockenrock
68 Rotkäppchenmantel
71 Schuluniform: Hemd
72 Rock
73 Shorts
74 Blaues Hemd
75 Hose
76 Jacke

Hüte

43 Weihnachtsmütze
45 Schlafmütze
47 Sonnenhut
48 Käppi

Schuhe

38 Stiefel
39 Schlappen
40 Mary- Janes (Spangenschuhe)
41 Ballerinas
42 Turnschuhe

Taschen

79 Kuriertasche
80 Eckige Handtasche
80 Runde Handtasche
81 Strandtasche
83 Große Tragetasche

82 Gießkanne

22 Kleiderbügel
85 Garn verbinden
85 Anmerkungen zu der Anleitung
86 Garnstärken
87 Häkelnadeln

Häschen
Seite 31

Lilly
Seite 23

Bär
Seite 29

Junge
Seite 27

Evie
Seite 25

Bikini
Seite 34

Badehose
Seite 36

Tragetasche
Seite 81

Latzhose (54)
Sonnenhut (47)

Käppi (48)
& Turnschuhe (42)

Spangenschuhe (40)
& Gießkanne (82)

Trägerkleidchen
Seite 62

Handtasche
Seite 80

Sommerkleidchen

Seite 50

Kleid mit Glockenrock

Seite 64

Kurzes Kleid mit Glockenrock

Seite 67

Rotkäppchenmantel

Seite 68

Schuluniform (71)
mit Shorts (73)

Rock (72)
& Kuriertasche (79)

Latzkleid
Seite 52

Ballerinas
Seite 41

Schlafmütze (45)
& Nachtwäsche (49)

Teddybär (18)
& Schlappen (39)

Hemd (74)
& Jacke (76)

Hose (75)
& (Turn)Schuhe (42)

Weihnachtsmütze (43)
& -kleidchen (56)

Bolero (60)
& Stiefel (38)

Große Tragetasche
Seite 83

Einleitung

Die Anziehpuppen sind süß, kuschelig und können Kleidung, Schuhe und Hüte wechseln. Sie kommen einher mit einem kleinen Teddybären und verschiedenen Sets, bestehend aus Kleidern, Schuhen, Hüten und Taschen. Ebenfalls inbegriffen ist die Anleitung für eine große Tasche zum Transport und zur ordentlichen Aufbewahrung. Die Puppen werden in festen Maschen gearbeitet. Verwenden Sie zwei Fäden mitteldickes Garn (Garnstärke DK) und eine Häkelnadel der Stärke 5, damit die Puppen schneller hergestellt werden können. Die Kleider werden einfädig (Garnstärke DK) und mithilfe einer Häkelnadel der Stärke 4 gearbeitet, damit sie nicht zu dick oder steif werden.

Abkürzungen

LM = Luftmasche
FM = feste Masche
hStb = halbes Stäbchen
Stb = Stäbchen
M = Masche
KM = Kettmasche
R = Runde
zus = zusammen

Größe

- Die Puppen sind stehend etwa **41,5 cm groß.**
- Der kleine Teddybär ist stehend etwa **6,5 cm groß.**

Material

- Häkelnadeln: 4 mm, 5 mm und 6 mm
- Maschenmarkierer
- Sticknadel
- Nähnadel
- Stecknadeln
- Schere

Garn

- **Mitteldickes Garn**
  (Garnstärke DK bzw. light worsted) 3 Light
  200 - 240 m / 100g
- **Dickes Garn**
  (Garnstärke bulky) 5 Bulky
  110 - 130 m / 100g

Maschenprobe

Häkelnadel der Stärke 4 und ein Faden mitteldickes Garn (Garnstärke DK)

Feste Maschen:	20 Maschen = 10 cm
	25 Reihen = 10 cm
Stäbchen:	18 Maschen = 10 cm
	10 Reihen = 10 cm

Häkelnadel der Stärke 5 und zwei Fäden mitteldickes Garn (Garnstärke DK)

Feste Maschen:	14 Maschen = 10 cm
	15 Reihen = 10 cm

Häkelnadel der Stärke 6 und ein Faden dickes Garn (Garnstärke bulky: 110 - 130 m / 100g)

Feste Maschen:	13 Maschen = 10 cm
	14 Reihen = 10 cm

In der ersten Runde können 6 feste Maschen in einen "magischen Ring" gearbeitet werden, statt "2 LM, 6 FM in die zweite LM von der Häkelnadel aus."

Kleiner Teddybär

Material

- Mitteldickes Garn (Garnstärke DK bzw. light worsted) Robin DK Taupe 093 = 10 g oder Cygnet Pato DK Blau 911 = 10 g (3 Light)
- Dickes Garn (Garnstärke bulky): Schachenmayr Nomotta Cassiopeia: Weiß = 1 g für 2 Schals (5 Bulky)
- Häkelnadel der Stärke 4
- Häkelnadel der Stärke 5
- DMC Perlgarn Stärke 3 (115/3): Schwarz 310, um den Mund aufzusticken
- 4 schwarze Perlen (4 mm) für die Augen
- Nadel und Faden, um die Augen anzubringen
- Sticknadel
- Füllwatte = 10g für 2 Bären
- Maschenmarkierer

Größe

Die Teddybären sind stehend 6,5 cm groß.

Anmerkungen

Die Teddybären werden mit einem Faden mitteldicken Garns (Garnstärke DK) und einer Häkelnadel der Stärke 4 gearbeitet. Blaue und braune Bären werden nach der gleichen Anleitung hergestellt.

Bein

2-mal.

R 1: Mit **Taupe 093**, 2 LM, 6 FM in die zweite LM von der Häkelnadel aus. (6)

R 2-3: FM in jede M. (6)

Für das **erste Bein**, mit KM in die erste M verbinden. Abmaschen

Für das **zweite Bein**, keine KM in die erste M. Nicht abmaschen.

Körper und Kopf

R 1: Beine an den oberen Innenseiten zusammen halten. Häkelnadel mittig in den Oberschenkel des ersten Beines einstechen, Schlaufe aus dem zweiten Bein herausziehen, FM in die selbe M (diese M nicht mitzählen, dient nur der Verbindung der Beine), FM in die nächsten 5 M des zweite Beines (erste M markieren), FM in die nächsten 5 M des ersten Beines. (10)

Die FM dient der Verbindung und geht durch beide Beine. Die nächste FM geht nur durch das 2.Bein, dann wird weiter in R gearbeitet.

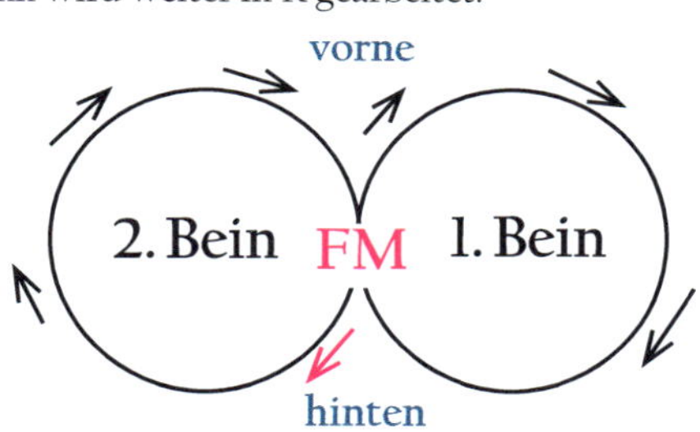

R 2-4: FM in jede M. Ausstopfen. (10)
R 5: (mit FM die nächsten 2 M zus) wiederholen. (5)
R 6: 3 FM in jede M. (15)
R 7: (FM in die nächsten 2 M, 2 FM in die nächste M) wiederholen. (20)
R 8-10: FM in jede M. (20)
R 11: (FM in die nächsten 2 M, mit FM die nächsten 2 M zus) wiederholen. (15)
R 12: (mit FM die nächsten 2 M zus, FM in die nächste M) wiederholen. Ausstopfen. (10)
R 13: (mit FM die nächsten 2 M zus) wiederholen, KM in die erste M, langen Faden zum Annähen lassen, abmaschen. Öffnung zunähen. (5)

Arm

2-mal, nicht ausstopfen.
R 1: Mit Taupe 093, 2 LM, 5 FM in die zweite LM von der Häkelnadel aus. (5)
R 2: FM in jede M. (5)
R 3: FM in jede M, mit KM in die erste M verbinden. Langen Faden zum Vernähen lassen, abmaschen. Arme an den Körper nähen.

Ohr

2-mal.
R 1: Mit Taupe 093, 2 LM, 5 FM in die zweite LM von der Häkelnadel aus. (5)
R 2: FM in jede M, mit KM in die erste M verbinden. Langen Faden zum Vernähen lassen, abmaschen.

Schal

Mit einem Faden dickes Garn: Schachenmayr Nomotta Cassiopeia in Weiß und Häkelnadel der Stärke 5, 20 LM, abmaschen.

Fertigstellen

Ohr an den Runden 10-12 des Kopfes annähen. Augen mit einem Abstand von 3 M zwischen den Runden 9 -10 anbringen. Mit DMC Perlgarn in Schwarz den Mund aufsticken (X zwischen den Augen).

Grundanleitung Puppe

Die Puppen werden mit einer Häkelnadel der Stärke 5 und zwei Fäden mitteldicken Garns (Garnstärke DK) gehäkelt.

3 Light

Größe

Die Puppen sind stehend etwa 41,5 cm groß.

Kopf

R 1: Mit **2 Fäden mitteldicken Garns (Garnstärke DK)** und einer Häkelnadel Nr. 5, 2 LM, 6 FM in die zweite LM von der Häkelnadel aus. (6)

R 2: 2 FM in jede M. (12)

R 3: (2 FM in die nächste M, FM in die nächste M) wiederholen. (18)

R 4: (FM in die nächsten 2 M, 2 FM in die nächste M) wiederholen. (24)

R 5: (FM in die nächsten 3 M, 2 FM in die nächste M) wiederholen. (30)

R 6: FM in die nächsten 2 M, 2 FM in die nächste M, (FM in die nächsten 4 M, 2 FM in die nächste M) 5-mal, FM in die nächsten 2 M. (36)

R 7: (FM in die nächsten 5 M, 2 FM in die nächste M) wiederholen. (42)

R 8-13: FM in jede M.

R 14: (mit FM die nächsten 2 M zus, FM in die nächsten 5 M) wiederholen. (36)

R 15: FM in die nächsten 2 M, mit FM die nächsten 2 M zus, (FM in die nächsten 4 M, mit FM die nächsten 2 M zus) 5-mal, FM in die nächsten 2 M. (30)

R 16: (FM in die nächsten 3 M, mit FM die nächsten 2 M zus) wiederholen. (24)

R 17: (FM in die nächsten 2 M, mit FM die nächsten 2 M zus) wiederholen. (18)

R 18: (FM in die nächsten 4 M, mit FM die nächsten 2 M zus) wiederholen, mit KM in die erste M verbinden, abmaschen. (15)

Kopf ein wenig ausstopfen, Sicherheitsaugen mit 7 M Abstand bei R 11-12 befestigen und dann den Kopf fester ausstopfen.

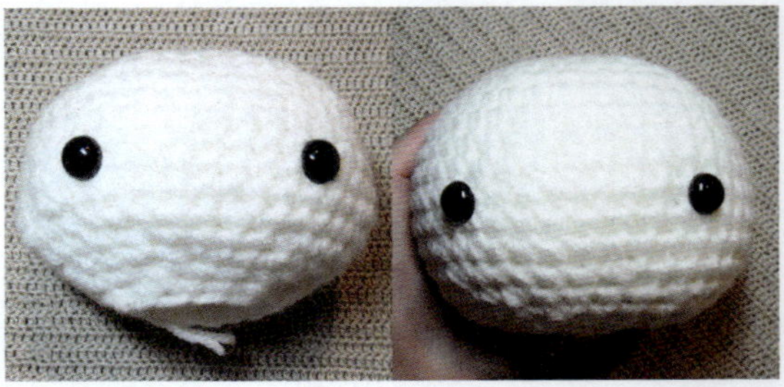

Mit **rotem Stickgarn** den Mund aufsticken (außer beim Hasen und beim Bären).

Körper

R 1: Mit **2 Fäden mitteldicken Garns (Garnstärke DK)** und einer Häkelnadel Nr. 5, 2 LM, 6 FM in die zweite LM von der Häkelnadel aus. (6)

R 2: 2 FM in jede M. (12)

R 3: (2 FM in die nächste M, FM in die nächste M) wiederholen. (18)

R 4: (FM in die nächsten 2 M, 2 FM in die nächste M) wiederholen. (24)

R 5: (FM in die nächsten 3 M, 2 FM in die nächste M) wiederholen. (30)

R 6-11: FM in jede M. (30)

R 12: (mit FM die nächsten 2 M zus, FM in die nächsten 8 M) wiederholen. (27)

R 13: FM in jede M.

R 14: (FM in die nächsten 7 M, mit FM die nächsten 2 M zus) wiederholen. (24)

R 15: FM in jede M. (24)

R 16: FM in die nächsten 3 M, mit FM die nächsten 2 M zus, (FM in die nächsten 6 M, mit FM die nächsten 2 M zus) 2-mal, FM in die nächsten 3 M. (21)

R 17: FM in jede M.

R 18: (mit FM die nächsten 2 M zus, FM in die nächsten 5 M) wiederholen. (18)

R 19: FM in jede M. (18)

R 20: FM in die nächsten 2 M, mit FM die nächsten 2 M zus, (FM in die nächsten 4 M, mit FM die nächsten 2 M zus) 2-mal, FM in die nächsten 2 M, KM in die erste M, langen Faden zum Annähen lassen, abmaschen. (15)

Körper ausstopfen und an den Kopf nähen.

Fuß und Bein

2-mal.

R 1: Mit 2 Fäden mitteldicken Garns (Garnstärke DK) und einer Häkelnadel Nr.5, 7 LM, FM in die zweite LM von der Häkelnadel aus, FM in die nächsten 4 LM, 3 FM in die letzte LM; in die rückwärtigen Schlingen der Anfangsluftmaschen arbeiten, FM in die nächsten 4 LM, 2 FM in die nächste LM. (14)

```
  X X X X X X O
X O O O O O O X
  X X X X X X
```

O = Luftmasche (LM)   X = feste Masche (FM)

R 2: 2 FM in die nächste M, FM in die nächsten 4 M, 2 FM in die nächsten 3 M, FM in die nächsten 4 M, 2 FM in die nächsten 2 M. (20)

R 3: FM in die nächste M, 2 FM in die nächste M, FM in die nächsten 5 M, 2 FM in die nächste M, (FM in die nächste M, 2 FM in die nächste M) 2-mal, FM in die nächsten 5 M, 2 FM in die nächste M, FM in die nächste M, 2 FM in die nächste M. (26)

R 4-5: FM in jede M. (26) -27

R 6: FM in die nächsten 8 M, mit FM die nächsten 2 M zus, (FM in die nächste M, mit FM die nächsten 2 M zus) 2-mal, FM in die nächsten 10 M. (23)

R 7: FM in die nächsten 8 M, (mit FM die nächsten 2 M zus) 3-mal, FM in die nächsten 9 M. (20) (22)

R 8: FM in die nächsten 5 M, (mit FM die nächsten 2 M zus) 2-mal, FM in die nächste M, (mit FM die nächsten 2 M zus) 2-mal, FM in die nächsten 6 M. (16) 18

R 9: FM in die nächsten 3 M, (mit FM die nächsten 2 M zus) 2-mal, FM in die nächste M, (mit FM die nächsten 2 M zus) 2-mal, FM in die nächsten 4 M. Ausstopfen. (12)

R 10-27: FM in jede M. (12) – 15 Reihen –

R 28: FM in jede M, KM in die erste M, langen Faden zum Annähen lassen, abmaschen.

Beine ein wenig ausstopfen, nicht zu fest. Öffnung flach zunähen.

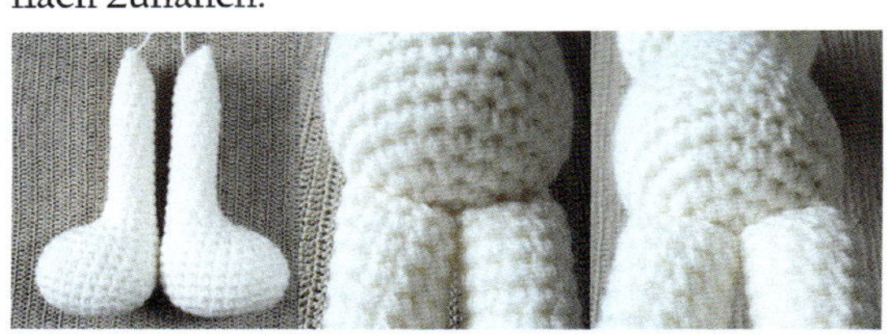

Körper, Arme, Füße und Beine nicht zu fest ausstopfen. So bleiben Arme und Beine weich und beweglich und man kann die Puppe leichter an- und ausziehen.

Arm

2-mal.

R 1: Mit **2 Fäden mitteldicken Garns (Garnstärke DK)** und einer Häkelnadel Nr. 5, 2 LM, 6 FM in die zweite LM von der Häkelnadel aus. (6)

R 2: 2 FM in jede M. (12)

R 3-5: FM in jede M. (12)

R 6: (mit FM die nächsten 2 M zus, FM in die nächsten 2 M) wiederholen. Ausstopfen. (9)

R 7-19: FM in jede M. (9)

R 20: FM in jede M, mit KM in die erste M verbinden. Langen Faden zum Vernähen lassen, abmaschen.

Ausstopfen und Arme an den Körper nähen.

Kleiderbügel

Eisendraht zuschneiden (33 cm), dann wie im Bild in Form biegen.

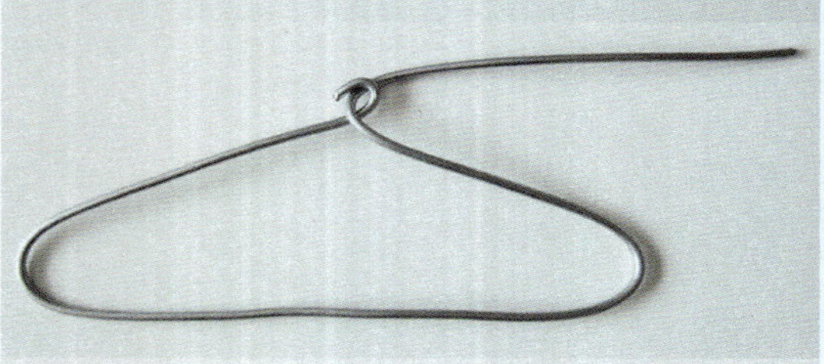

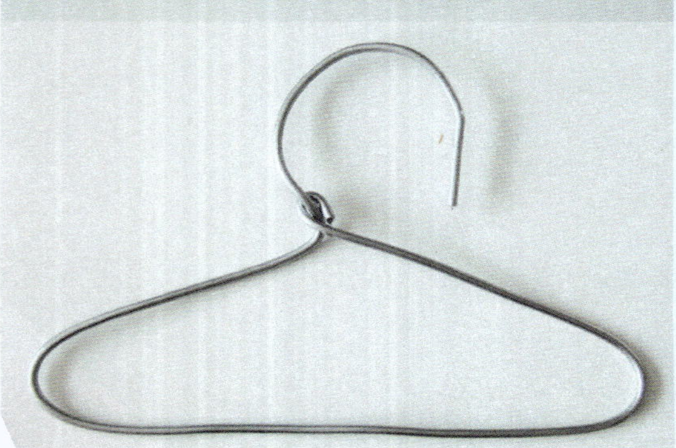

Die Spitze etwas kürzen.

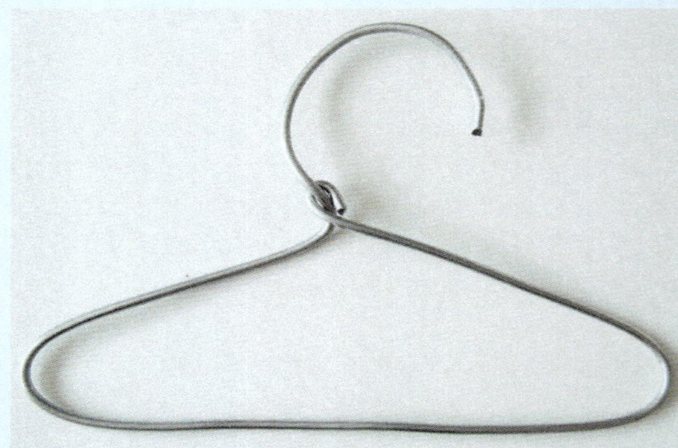

Garn um den Kleiderbügel wickeln. Am Anfang und am Ende Bastelkleber verwenden.

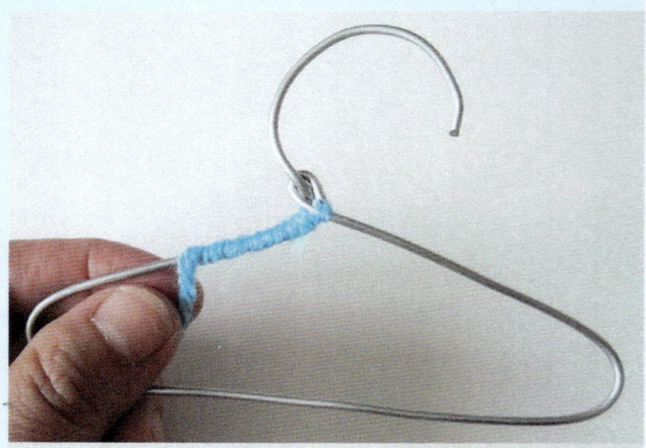

Puppe „Lilly"

Puppe

Nach der „Grundanleitung Puppe" auf Seite 20 arbeiten. **Creme 041** für alle Körperteile verwenden.

Material

- Mitteldickes Garn (Garnstärke DK bzw. light worsted), Robin DK: Creme 041 = 100g und Gelb 060 = 40g

- Häkelnadel der Stärke 5
- DMC Perlgarn Stärke 3 (115/3): Rot 321, um den Mund aufzusticken
- Ein Paar Sicherheitsaugen (12 mm)
- 2 kleine rote Schleifen zur Verzierung
- Sticknadel
- Stecknadeln
- Füllwatte = 135 g
- Maschenmarkierer

Haar

Haarkappe

R 1: Mit 2 Fäden **Gelb 060** (Haarfarbe) und Häkelnadel Nr. 5, 2 LM, 6 FM in die zweite LM von der Häkelnadel aus. (6)

R 2: 2 FM in jede M. (12)

R 3: (2 FM in die nächste M, FM in die nächste M) wiederholen. (18)

R 4: (FM in die nächsten 2 M, 2 FM in die nächste M) wiederholen. (24)

R 5: (FM in die nächsten 3 M, 2 FM in die nächste M) wiederholen. (30)

R 6: FM in die nächsten 2 M, 2 FM in die nächste M, (FM in die nächsten 4 M, 2 FM in die nächste M) 5-mal, FM in die nächsten 2 M. (36)

R 7: (FM in die nächsten 5 M, 2 FM in die nächste M) wiederholen. (42)

R 8: FM in die nächsten 3 M, 2 FM in die nächste M, (FM in die nächsten 6 M, 2 FM in die nächste M) 5-mal, FM in die nächsten 3 M. (48)

R 9-14: FM in jede M. (48)

Reihen 15-19: In Reihen arbeiten.

Reihe 15: FM in die nächsten 35 M, wenden. (35)

Reihe 16: 1 LM, FM in jede M, wenden. (35)

Reihe 17: 1 LM, die ersten 2 M mit FM zus, FM in die nächsten 31 M, mit FM die nächsten 2 M zus, wenden. (33)

Reihe 18: 1 LM, FM in jede M, wenden. (33)

Reihe 19: 1 LM, die ersten 2 M mit FM zus, FM in die nächsten 29 M, mit FM die nächsten 2 M zus, langen Faden zum Annähen lassen, abmaschen. (31)

Haarkappe auf den Kopf setzen, mit Stecknadeln fixieren und annähen. 31 Fäden gelbes Garn zuschneiden (je 30 cm lang). Für die Fransen: einen Faden in der Mitte zusammenlegen, Häkelnadel in R 19 der Haarkappe einstechen, das gefaltete Ende durch die M ziehen und die losen Enden durch das gefaltete Ende ziehen, den Knoten fest zusammen ziehen. 30 weitere anbringen.

Je nach Wunsch zu Zöpfen oder Pferdeschwanz frisieren.

Puppe „Evie“

Material

- Mitteldickes Garn (Garnstärke DK bzw. light worsted), Robin DK: Creme 041 = 85 g und Pink 064 = 20 g
- Häkelnadel der Stärke 5
- DMC Perlgarn Stärke 3 (115/3) in Rot 321 zum Aufsticken des Mundes
- Ein Paar Sicherheitsaugen (12mm)
- Sticknadel
- Stecknadeln
- Füllwatte = 135 g
- Maschenmarkierer

Puppe

Körper, Arme und Beine wie in der Grundanleitung „Puppe“ auf Seite 20 unter Verwendung von Creme 041 arbeiten.

Kopf

R 1: Mit zwei Fäden **Pink 064** und Häkelnadel Nr. 5, 2 LM, 6 FM in die zweite LM von der Häkelnadel aus. (6)
R 2: 2 FM in jede M. (12)
R 3: (2 FM in die nächste M, FM in die nächste M) wiederholen. (18)
R 4: (FM in die nächsten 2 M, 2 FM in die nächste M) wiederholen. (24)
R 5: (FM in die nächsten 3 M, 2 FM in die nächste M) wiederholen. (30)
R 6: FM in die nächsten 2 M, 2 FM in die nächste M, (FM in die nächsten 4 M, 2 FM in die nächste M) 5-mal, FM in die nächsten 2 M. (36)
R 7: (FM in die nächsten 5 M, 2 FM in die nächste M) wiederholen. (42)
R 8: FM in jede M, wechseln zu Creme 041 in den letzten beiden Schlaufen der M. (42)
R 9: Nur in die hinteren Maschenglieder arbeiten. FM in jede M. (42)
R 10-13: FM in jede M. (42)

R 14: (mit FM die nächsten 2 M zus, FM in die nächsten 5 M) wiederholen. (36)
R 15: FM in die nächsten 2 M, mit FM die nächsten 2 M zus, (FM in die nächsten 4 M, mit FM die nächsten 2 M zus) 5-mal, FM in die nächsten 2 M. (30)
R 16: (FM in die nächsten 3 M, mit FM die nächsten 2 M zus) wiederholen. (24)
R 17: (FM in die nächsten 2 M, mit FM die nächsten 2 M zus) wiederholen. (18)
R 18: (FM in die nächsten 4 M, mit FM die nächsten 2 M zus) bis zum Ende der R, mit KM in die erste M verbinden, abmaschen. (15)

Kopf ein wenig ausstopfen, Sicherheitsaugen mit 7 M Abstand bei R 11-12 befestigen und dann den Kopf fester ausstopfen.

Mit rotem Stickgarn den Mund aufsticken.

Haar

In Reihen arbeiten. In den Reihen 2-33 nur in die hinteren Maschenglieder einstechen.
Reihe 1: Mit 2 Fäden Pink 064 (Haarfarbe) und Häkelnadel Nr. 5, 10 LM, FM in die zweite LM von der Häkelnadel aus, FM in jede LM, wenden. (9)
Reihe 2-32: 1 LM, FM in jede M, wenden. (9)
Reihe 33: 1 LM, FM in jede M, langen Faden zum Annähen lassen, abmaschen. (9)

Haar am Kopf feststecken und an die freien Schlaufen der R 8 annähen.

Puppe „Junge“

Material

- Mitteldickes Garn (Garnstärke DK bzw. light worsted):
  - Hayfield Bonus DK Alpine 842 = 100 g
  - Robin DK Braun 051 = 22 g
- Häkelnadel der Stärke 5
- DMC Perlgarn Stärke 3 (115/3) in Rot, um den Mund aufzusticken
- Ein Paar Sicherheitsaugen (12mm)
- Sticknadel
- Stecknadeln
- Füllwatte = 135 g
- Maschenmarkierer

Puppe

Kopf, Körper, Arme und Beine wie in der Grundanleitung „Puppe“ (Seite 20) unter Verwendung von **Alpine 842** arbeiten.

Haar

R 1: Mit **2 Fäden Braun 051** und Häkelnadel Nr. 5, 2 LM, 6 FM in die zweite LM von der Häkelnadel aus. (6)

R 2: 2 FM in jede M. (12)

R 3: (2 FM in die nächste M, FM in die nächste M) wiederholen. (18)

R 4: (FM in die nächsten 2 M, 2 FM in die nächste M) wiederholen. (24)

R 5: (FM in die nächsten 3 M, 2 FM in die nächste M) wiederholen. (30)

R 6: FM in die nächsten 2 M, 2 FM in die nächste M, (FM in die nächsten 4 M, 2 FM in die nächste M) 5-mal, FM in die nächsten 2 M. (36)

R 7: (FM in die nächsten 5 M, 2 FM in die nächste M) wiederholen. (42)

R 8: FM in die nächsten 3 M, 2 FM in die nächste M, (FM in die nächsten 6 M, 2 FM in die nächste M) 5-mal, FM in die nächsten 3 M. (48)

R 9: FM in jede M, wenden.

Reihen 10-17: In Reihen arbeiten.

Reihe 10: 1 LM, FM in erste M, FM in die nächsten 42 M, mit FM die nächsten 2 M zus, wenden. (44)

Reihe 11: 1 LM, erste M überspringen, FM in die nächsten 43 M, wenden. (43)

Reihe 12: 1 LM, FM in erste M, FM in die nächsten 40 M, nächste M überspringen, FM in die nächste M, wenden. (42)

Reihe 13: 1 LM, erste M überspringen, FM in die nächsten 41 M, wenden. (41)

Reihe 14: 1 LM, FM in erste M, FM in die nächsten 38 M, nächste M überspringen, FM in die nächste M, wenden. (40)

Reihe 15: 1 LM, erste M überspringen, (mit FM die nächsten 2 M zus, FM in die nächsten 6 M) 4-mal, mit FM die nächsten 2 M zus, FM in die nächsten 5 M, wenden. (34)

Reihe 16: 1 LM, FM in erste M, FM in die nächsten 14 M, mit FM die nächsten 2 M zus, FM in die nächsten 15 M, mit FM die nächsten 2 M zus, wenden. (32)

Reihe 17: 3 LM (zählen als ein Stb), Stb in die nächsten 3 M zusammen, (Stb in die nächsten 2 M zusammen, Stb in die nächste M) 8-mal, Stb in die nächsten 4 M zusammen, langen Faden zum Annähen lassen, abmaschen. (19)

Haarkappe am Kopf feststecken und annähen. Mit **Braun 051** Haar aufsticken (siehe unten).

Puppe „Bär“

Material

- Mitteldickes Garn (Garnstärke DK bzw. light worsted), Robin DK: Pink 046 = 120 g
- Häkelnadel der Stärke 5
- DMC Perlgarn Stärke 3 (115/3) in Schwarz 310, um den Mund aufzusticken
- Ein Paar Sicherheitsaugen (12 mm)
- Sticknadel
- Stecknadeln
- Füllwatte= 135 g
- Maschenmarkierer

Puppe

Unter Verwendung von **Pink 046** für alle Körperteile nach der Grundanleitung „Puppe“ auf Seite 20 arbeiten.

Bärenohr

R 1: Mit **zwei Fäden Pink 046** und Häkelnadel Nr. 5, 2 LM, 6 FM in die zweite LM von der Häkelnadel aus. (6)
R 2: 2 FM in jede M. (12)
R 3: (2 FM in die nächste M, FM in die nächste M) wiederholen. (18)
R 4: FM in jede M. (18)
R 5: (mit FM die nächsten 2 M zus, FM in die nächsten 4 M) bis zum Rundenende, KM in die erste M, langen Faden zum Annähen lassen, abmaschen. (15)

Öffnungen der Ohren zunähen, so dass sie leichter an den Kopf genäht werden können.

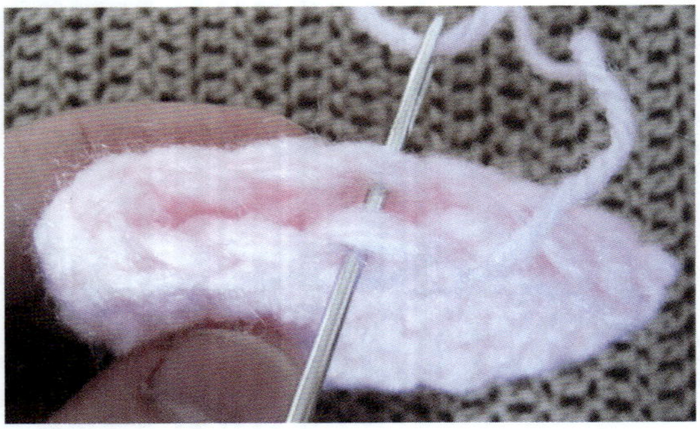

Vor dem Annähen die Ohren in Höhe der R7-12 des Kopfes feststecken. Dies ist sehr nützlich, um sie in der richtigen Position zu behalten.

Mit schwarzem Stickgarn den Mund aufsticken (X).

Puppe „Häschen“

Material

- Mitteldickes Garn (Garnstärke DK bzw. light worsted), Robin DK: Weiß 040 = 130 g
- Häkelnadel der Stärke 5
- DMC Perlgarn Stärke 3 (115/3) in Schwarz 310, um den Mund aufzusticken
- Ein Paar Sicherheitsaugen (12mm)
- Sticknadel
- Stecknadeln
- Füllwatte = 135 g
- Maschenmarkierer

Puppe

Unter Verwendung von Weiß 040 für alle Körperteile nach der Grundanleitung „Puppe“ auf Seite 20 arbeiten.

Ohr

R 1: Mit **zwei Fäden Weiß 040** und Häkelnadel Nr. 5, 2 LM, 6 FM in die zweite LM von der Häkelnadel aus. (6)
R 2: (FM in die nächste M, 2 FM in die nächste M) wiederholen. (9)
R 3: (2 FM in die nächste M, FM in die nächsten 2 M) wiederholen. (12)
R 4: (FM in die nächsten 3 M, 2 FM in die nächste M) wiederholen. (15)
R 5: FM in die nächsten 2 M, 2 FM in die nächste M, (FM in die nächsten 4 M, 2 FM in die nächste M) 2-mal, FM in die nächsten 2 M. (18)
R 6: (FM in die nächsten 5 M, 2 FM in die nächste M) wiederholen. (21)
R 7: FM in die nächsten 3 M, 2 FM in die nächste M, (FM in die nächsten 6 M, 2 FM in die nächste M) 2-mal, FM in die nächsten 3 M. (24)
R 8: (FM in die nächsten 7 M, 2 FM in die nächste M) wiederholen. (27)
R 9-15: FM in jede M. (27)

R 16: (mit FM die nächsten 2 M zus, FM in die nächsten 7 M) wiederholen. (24)
R 17-18: FM in jede M. (24)
R 19: FM in die nächsten 3 M, mit FM die nächsten 2 M zus, (FM in die nächsten 6 M, mit FM die nächsten 2 M zus) 2-mal, FM in die nächsten 3 M. (21)
R 20-21: FM in jede M. (21)
R 22: (mit FM die nächsten 2 M zus, FM in die nächsten 5 M) wiederholen. (18)
R 23-24: FM in jede M. (18)
R 25: FM in die nächsten 2 M, mit FM die nächsten 2 M zus, (FM in die nächsten 4 M, mit FM die nächsten 2 M zus) 2-mal, FM in die nächsten 2 M. (15)
R 26-27: FM in jede M. (15)
R 28: (mit FM die nächsten 2 M zus, FM in die nächsten 3 M) wiederholen. (12)
R 29-30: FM in jede M. (12)
R 31: (mit FM die nächsten 2 M zus, FM in die nächsten 2 M) wiederholen. (9)
R 32-33: FM in jede M. (9)
R 34: (mit FM die nächsten 2 M zus, FM in die nächste M) wiederholen. (6)
R 35: FM in jede M, KM in die erste M, langen Faden zum Annähen lassen, abmaschen. (6)

Ohren in Höhe der R 9 an den Kopf annähen. Mit schwarzem Stickgarn Mund aufsticken (X).

Unterhose

Für jede Unterhose werden 4 g mitteldickes Garn gebraucht (Garnstärke DK bzw. light worsted). Robin DK: Weiß 040, Fondant 052, Hellblau 047 oder Pink 046.

Unterhose

In Reihen arbeiten.

Reihe 1: Mit einem Faden **Pink 046** und Häkelnadel Nr. 4, 20 LM, FM in die zweite LM von der Häkelnadel aus, FM in die nächsten 18 LM, wenden. (19)
Reihe 2-4: 1 LM, FM in jede M, wenden. (19)
Reihe 5: 1 LM, die ersten 3 M mit FM zus, FM in die nächsten 13 M, mit FM die nächsten 3 M zus, wenden. (15)
Reihe 6: 1 LM, die ersten 2 M mit FM zus, FM in die nächsten 11 M, mit FM die nächsten 2 M zus, wenden. (13)
Reihe 7: 1 LM, die ersten 3 M mit FM zus, FM in die nächsten 7 M, mit FM die nächsten 3 M zus, wenden. (9)
Reihe 8: 1 LM, die ersten 2 M mit FM zus, FM in die nächsten 5 M, mit FM die nächsten 2 M zus, wenden. (7)
Reihe 9: 1 LM, die ersten 3 M mit FM zus, FM in die nächsten 1 M, mit FM die nächsten 3 M zus, wenden. (3)
Reihe 10: 1 LM, 3 M mit einer FM zusammen abmaschen, wenden. (1)
Reihe 11: 1 LM, 3 FM, wenden. (3)
Reihe 12: 1 LM, 3 FM in die erste M, FM in die nächste M, 3 FM in die nächste M, wenden. (7)
Reihe 13: 1 LM, 2 FM in die erste M, FM in die nächsten 5 M, 2 FM in die nächste M, wenden. (9)
Reihe 14: 1 LM, 3 FM in die erste M, FM in die nächsten 7 M, 3 FM in die nächste M, wenden. (13)
Reihe 15: 1 LM, 2 FM in die erste M, FM in die nächsten 11 M, 2 FM in die nächste M, wenden. (15)
Reihe 16: 1 LM, 3 FM in die erste M, FM in die nächsten 13 M, 3 FM in die nächste M, wenden. (19)
Reihe 17-19: 1 LM, FM in jede M, wenden. (19)
Reihe 20: 1 LM, FM in jede M, langen Faden zum Annähen lassen, abmaschen. (19)

Die Unterhose in der Mitte falten und an den Seiten festnähen (die 3 oberen Reihen).

Bikini

Für ein Bikini- Set werden 5 g mitteldickes Garn benötigt (Garnstärke DK bzw. light worsted). Robin DK: Hellblau 047 und Türkis 281 oder Pink 046 und Fondant 052.

Bikini- Oberteil

Erstes Körbchen

In Reihen arbeiten.

Reihe 1: Mit einem Faden **Pink 046** und Häkelnadel Nr. 4, 15 LM, FM in die zweite LM von der Häkelnadel aus, FM in die nächsten 6 LM, wenden. (7)

Reihe 2: 1 LM, die ersten 2 M mit FM zus, FM in die nächsten 3 M, mit FM die nächsten 2 M zus, wenden. (5)

Reihe 3: 1 LM, die ersten 2 M mit FM zus, FM in die nächste M, mit FM die nächsten 2 M zus, wenden. (3)

Reihe 4: 1 LM, FM in jede M, wenden. (3)

Reihe 5: 1 LM, nächste 3 M mit einer FM zusammen abmaschen, 30 LM, abmaschen.

Fertiges erstes Körbchen:

Zweites Körbchen

In Reihen arbeiten.

Reihe 1: Mit einem Faden **Pink 046** und Häkelnadel Nr. 4, Garn in die nächste LM des ersten Körbchens einfädeln, 1 LM, FM in die gleiche M, FM in die nächsten 6 LM, wenden. (7)

Reihe 2: 1 LM, die ersten 2 M mit FM zus, FM in die nächsten 3 M, mit FM die nächsten 2 M zus, wenden. (5)

Reihe 3: 1 LM, die ersten 2 M mit FM zus, FM in die nächste M, mit FM die nächsten 2 M zus, wenden. (3)

Reihe 4: 1 LM, FM in jede M, wenden. (3)

Reihe 5: 1 LM, nächste 3 M mit einer FM zusammen abmaschen, 30 LM, abmaschen.

Kordel: zum Binden um den Körper

Mit einem Faden **Fondant 052** und Häkelnadel Nr. 4, 30 LM, FM in die nächsten 14 M der untersten R der Körbchen, 30 LM, abmaschen. (14 M, 60 LM)

Bikinihöschen

In Reihen arbeiten.

Reihe 1: Mit einem Faden **Pink 046** und Häkelnadel Nr. 4, 20 LM, FM in die zweite LM von der Häkelnadel aus, FM in die nächsten 18 LM, wenden. (19)
Reihe 2: 1 LM, FM in jede M, wenden. (19)
Reihe 3: 1 LM, die ersten 3 M mit FM zus, FM in die nächsten 13 M, mit FM die nächsten 3 M zus, wenden. (15)
Reihe 4: 1 LM, die ersten 2 M mit FM zus, FM in die nächsten 11 M, mit FM die nächsten 2 M zus, wenden. (13)
Reihe 5: 1 LM, die ersten 3 M mit FM zus, FM in die nächsten 7 M, mit FM die nächsten 3 M zus, wenden. (9)
Reihe 6: 1 LM, die ersten 2 M mit FM zus, FM in die nächsten 5 M, mit FM die nächsten 2 M zus, wenden. (7)
Reihe 7: 1 LM, die ersten 3 M mit FM zus, FM in die nächsten 1 M, mit FM die nächsten 3 M zus, wenden. (3)
Reihe 8: 1 LM, nächste 3 M mit einer FM zusammen abmaschen, wenden. (1)
Reihe 9: 1 LM, 3 FM, wenden. (3)
Reihe 10: 1 LM, 3 FM in die erste M, FM in die nächste M, 3 FM in die nächste M, wenden. (7)
Reihe 11: 1 LM, 2 FM in die erste M, FM in die nächsten 5 M, 2 FM in die nächste M, wenden. (9)
Reihe 12: 1 LM, 3 FM in die erste M, FM in die nächsten 7 M, 3 FM in die nächste M, wenden. (13)
Reihe 13: 1 LM, 2 FM in die erste M, FM in die nächsten 11 M, 2 FM in die nächste M, wenden. (15)
Reihe 14: 1 LM, 3 FM in die erste M, FM in die nächsten 13 M, 3 FM in die nächste M, wenden. (19)
Reihe 15: 1 LM, FM in jede M, abmaschen. (19)

Kordel

Für beide Seiten des Höschens Kordeln arbeiten.
Mit einem Faden **Fondant 052** und Häkelnadel Nr. 4, 30 LM, FM in die nächsten 19 M des Höschens, 30 LM, abmaschen. (19 M, 60 LM)

Badehose

Für die Badehose werden 10 g mitteldickes Garn benötigt (Garnstärke DK bzw. light worsted).
Robin DK: Minze 057 (8 g) und Türkis 281 (2 g)

Badehose

R 1: Mit einem Faden Minze 057 und Häkelnadel Nr. 4, 40 LM, KM in die erste LM, um einen Ring zu erhalten, 3 LM (zählen als ein Stb), Stb in die nächsten 39 M, mit KM in die erste M verbinden, wechseln zu Türkis 281. (40)
R 2: 1 LM, FM in jede M, mit KM in die erste M verbinden, wechseln zu Minze. (40)
R 3: 3 LM (zählen als ein Stb), Stb in die nächsten 39 M, mit KM in die erste M verbinden, wechseln zu Türkis. (40)
R 4: 1 LM, FM in jede M, mit KM in die erste M verbinden, wechseln zu Minze. (40)
R 5: 3 LM (zählen als ein Stb), Stb in die nächsten 39 M, mit KM in die erste M verbinden, wechseln zu Türkis. (40)
R 6: 1 LM, FM in jede M, mit KM in die erste M verbinden, wechseln zu Minze. (40)
R 7: 3 LM (zählen als ein Stb), Stb in die nächsten 39 M, mit KM in die erste M verbinden, wechseln zu Türkis. (40)

R 8: Erstes Bein beginnen: 1 LM, FM in erste M, FM in die nächsten 19 M, nächste 20 M überspringen, mit KM in die erste M verbinden, wechseln zu Minze. (20)

Das Bild zeigt den Abschluss der R 8:

R 9: 3 LM (zählen als ein Stb), Stb in die nächsten 19 M, mit KM in die erste M verbinden, wechseln zu Türkis. (20)
R 10: 1 LM, FM in jede M, mit KM in die erste M verbinden, wechseln zu Minze. (20)
R 11: 3 LM (zählen als ein Stb), Stb in die nächsten 19 M, mit KM in die erste M verbinden. (20)
R 12: 1 LM, FM in jede M, mit KM in die erste M verbinden, abmaschen. (20)

R 8: Zweites Bein beginnen: Mit einem Faden Türkis und Häkelnadel Nr. 4, Garn durch die nächste freie M der R 7 ziehen, 1 LM, FM in die selbe M, FM in die nächsten 19 M, mit KM in die erste M verbinden, wechseln zu Minze. (20)
R 9: 3 LM (zählen als ein Stb), Stb in die nächsten 19 M, mit KM in die erste M verbinden, wechseln zu Türkis. (20)
R 10: 1 LM, FM in jede M, mit KM in die erste M verbinden, wechseln zu Minze. (20)
R 11: 3 LM (zählen als ein Stb), Stb in die nächsten 19 M, mit KM in die erste M verbinden. (20)
R 12: 1 LM, FM in jede M, mit KM in die erste M verbinden, abmaschen. (20)

Den Zwickel zunähen.

Bund

R 1: Mit einem Faden Türkis 281 und Häkelnadel Nr. 4, Faden in der Mitte des Hinterteils anbringen, 1 LM, FM in jede M, mit KM in die erste M verbinden. (40)
R 2: 1 LM, FM in jede M, mit KM in die erste M verbinden, abmaschen. (40)

Stiefel

Für ein Paar Stiefel werden 28 g mitteldickes Garn benötigt (Garnstärke DK bzw. light worsted).
Robin DK: Braun 051 oder Blue Madonna 033.

3 Light

Rand: 2 g dickes Flauschgarn (Garnstärke bulky bzw. chunky) verwenden (für ein Paar).
Schachenmayr Nomotta Cassiopeia: Weiß.

5 Bulky

Stiefel

2-mal.

R 1: Mit **2 Fäden Braun 051** und Häkelnadel Nr. 5, 9 LM, FM in die zweite LM von der Häkelnadel aus, FM in die nächsten 6 LM, 3 FM in die letzte LM; in die rückwärtigen Schlingen der Anfangsluftmaschen arbeiten, FM in die nächsten 6 LM, 2 FM in die nächste LM. (18)

X X X X X X X X O
X O O O O O O O O X
X X X X X X X X

O = Luftmasche (LM)   X = feste Masche (FM)

R 2: 2 FM in die nächste M, FM in die nächsten 6 M, 2 FM in die nächsten 3 M, FM in die nächsten 6 M, 2 FM in die nächsten 2 M. (24)

R 3: FM in die nächste M, 2 FM in die nächste M, FM in die nächsten 7 M, 2 FM in die nächste M, (FM in die nächste M, 2 FM in die nächste M) 2-mal, FM in die nächsten 7 M, 2 FM in die nächste M, FM in die nächste M, 2 FM in die nächste M. (30)

R 4-7: FM in jede M. (30)

R 8: FM in die nächsten 10 M, mit FM die nächsten 2 M zus, (FM in die nächste M, mit FM die nächsten 2 M zus) 2-mal, FM in die nächsten 12 M. (27)

R 9: FM in die nächsten 10 M, (mit FM die nächsten 2 M zus) 3-mal, FM in die nächsten 11 M. (24)

R 10: FM in die nächsten 7 M, (mit FM die nächsten 2 M zus) 2-mal, FM in die nächste M, (mit FM die nächsten 2 M zus) 2-mal, FM in die nächsten 8 M. (20)

R 11: FM in die nächsten 7 M, mit FM die nächsten 2 M zus, FM in die nächste M, mit FM die nächsten 2 M zus, FM in die nächsten 8 M. (18)

R 12: FM in jede M. (18)

R 13: FM in jede M, wechseln zu **Cassiopeia Weiß** (ein Faden dickes Garn) in den letzten 2 Schlingen der letzten M. (18)

R 14: FM in jede M.

R 15: FM in jede M, KM in die erste M, abmaschen.

Schlappen

Für ein Paar werden 14 g mitteldickes Garn benötigt.
(Garnstärke DK bzw. light worsted).
Robin DK: Rot 042, Blue Madonna 033, Türkis 281 oder Gelb 060.

Rand: 2 g (für ein Paar) dickes Flauschgarn (Garnstärke bulky bzw. chunky) verwenden.
Schachenmayr Nomotta Cassiopeia: Weiß.

Schlappen

2-mal.

R 1: Mit 2 Fäden mitteldickes Garn (Rot 042) und Häkelnadel Nr. 5, 2 LM, 7 FM in die zweite LM von der Häkelnadel aus. (7)
R 2: 2 FM in jede M. (14)
R 3: (FM in die nächste M, 2 FM in die nächste M) wiederholen. (21)
R 4-8: FM in jede M. (21)

In Reihen arbeiten.

Reihe 9: FM in die nächsten 10 M, wenden. (10)
Reihe 10: 1 LM, FM in die nächsten 10 M, wenden. (10)
Reihe 11: 1 LM, die ersten 2 M mit FM zus, FM in die nächsten 6 M, mit FM die nächsten 2 M zus, wenden. (8)
Reihe 12: 1 LM, die ersten 2 M mit FM zus, FM in die nächsten 4 M, mit FM die nächsten 2 M zus, wenden. (6)
Reihe 13: 1 LM, die ersten 2 M mit FM zus, FM in die nächsten 2 M, mit FM die nächsten 2 M zus, wenden. (4)
Reihe 14: 1 LM, FM in jede M des Randes des Schlappens, abmaschen.

Schlappen mit weißem Rand:

Reihe 13: 1 LM, die ersten 2 M mit FM zus, FM in die nächsten 2 M, mit FM die nächsten 2 M zus, wechseln zu Cassiopeia Weiß (ein Faden), wenden. (4)
Reihe 14: 1 LM, FM in jede M des Randes des Schlappens, abmaschen.

Mary-Janes (Spangenschuhe)

Mary-Janes

Für ein Paar werden 15 g mitteldickes Garn benötigt (Garnstärke DK bzw. light worsted):
Robin DK: Türkis 281, Orange 063 oder Pink 046.

Zwei Blumenknöpfe je Paar (25 mm).

2-mal.

R 1: Mit **2 Fäden Pink 046** und Häkelnadel Nr. 5, 9 LM, FM in die zweite LM von der Häkelnadel aus, FM in die nächsten 6 LM, 3 FM in die letzte LM; in die rückwärtigen Schlingen der Anfangsluftmaschen arbeiten, FM in die nächsten 6 LM, 2 FM in die nächste LM. (18)

X X X X X X X X O
X O O O O O O O O X
X X X X X X X X

O = Luftmasche (LM) X = feste Masche (FM)

R 2: 2 FM in die nächste M, FM in die nächsten 6 M, 2 FM in die nächsten 3 M, FM in die nächsten 6 M, 2 FM in die nächsten 2 M. (24)

R 3: FM in die nächste M, 2 FM in die nächste M, FM in die nächsten 7 M, 2 FM in die nächste M, (FM in die nächste M, 2 FM in die nächste M) 2-mal, FM in die nächsten 7 M, 2 FM in die nächste M, FM in die nächste M, 2 FM in die nächste M. (30)

R 4-6: FM in jede M. (30)

R 7: FM in die nächsten 10 M, mit FM die nächsten 2 M zus, (FM in die nächste M, mit FM die nächsten 2 M zus) 2-mal, FM in die nächsten 12 M. (27)

R 8: FM in die nächsten 6 M, 8 LM, 14 M überspringen, FM in die nächsten 7 M, abmaschen.

Knöpfe an den Außenseiten der Schuhe anbringen.

Ballerinas

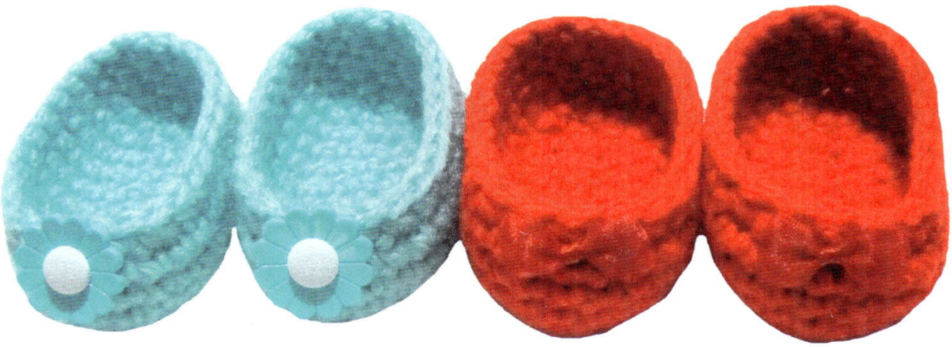

Für ein Paar werden 15 g mitteldickes Garn benötigt (Garnstärke DK bzw. light worsted):
Robin DK: Rot 042 oder Aqua 130.

Für das eine Paar zwei Blumenknöpfe (25 mm).
Für das andere Paar zwei rote Schleifen.

2-mal.
R 1- 6: wie die Mary- Janes arbeiten.
R 7: FM in die nächsten 10 M, mit FM die nächsten 2 M zus, (FM in die nächste M, mit FM die nächsten 2 M zus) 2-mal, FM in die nächsten 10 M, mit FM die nächsten 2 M zus, abketten. (26)

Knöpfe bzw. Schleifen an die Schuhe nähen.

Turnschuhe

Für ein Paar werden 20 g mitteldickes Garn benötigt (Garnstärke DK bzw. light worsted).

Robin DK: Königsblau 086 oder Schwarz 044 und ein wenig Weiß 040, um die weißen Linien aufzusticken.

Turnschuhe

2-mal.

R 1: Mit **2 Fäden Königsblau 086** und Häkelnadel Nr. 5, 9 LM, FM in die zweite LM von der Häkelnadel aus, FM in die nächsten 6 LM, 3 FM in die letzte LM; in die rückwärtigen Schlingen der Anfangsluftmaschen arbeiten, FM in die nächsten 6 LM, 2 FM in die nächste LM. (18)

```
  X X X X X X X X O
X O O O O O O O O X
  X X X X X X X X
```

O = Luftmasche (LM) X = feste Masche (FM)

R 2: 2 FM in die nächste M, FM in die nächsten 6 M, 2 FM in die nächsten 3 M, FM in die nächsten 6 M, 2 FM in die nächsten 2 M. (24)

R 3: FM in die nächste M, 2 FM in die nächste M, FM in die nächsten 7 M, 2 FM in die nächste M, (FM in die nächste M, 2 FM in die nächste M) 2-mal, FM in die nächsten 7 M, 2 FM in die nächste M, FM in die nächste M, 2 FM in die nächste M. (30)

R 4-7: FM in jede M. (30)

R 8: FM in die nächsten 10 M, mit FM die nächsten 2 M zus, (FM in die nächste M, mit FM die nächsten 2 M zus) 2-mal, FM in die nächsten 12 M. (27)

R 9: FM in die nächsten 10 M, (mit FM die nächsten 2 M zus) 3-mal, FM in die nächsten 11 M. (24)

R 10: FM in die nächsten 7 M, (mit FM die nächsten 2 M zus) 2-mal, FM in die nächste M, (mit FM die nächsten 2 M zus) 2-mal, FM in die nächsten 8 M. (20)

R 11: FM in jede M, KM in die erste M, abmaschen.

Blaue Turnschuhe: Mit **Weiß 040** Linien aufsticken.

Weihnachtsmütze

Für eine Mütze werden 35 g mitteldickes Garn benötigt (Garnstärke DK bzw. light worsted).
Robin DK: Hellblau 047 oder Rot 042

Für die Borte werden 15 g dickes Flauschgarn verwendet (für eine Mütze):
Schachenmayr Nomotta Cassiopeia: Weiß

Knit Pro Pom Pom maker, Durchmesser 5,5 cm.
Mitteldickes Garn, Robin DK: Weiß 040 = 10 g (ein Pompom)

Weihnachtsmütze

R 1: Mit zwei Fäden Rot 042 und einer Häkelnadel Nr. 5, 2 LM, 6 FM in die zweite LM von der Häkelnadel aus. (6)
R 2: FM in jede M. (6)
R 3: (2 FM in die nächste M, FM in die nächste M) wiederholen. (9)
R 4: FM in jede M. (9)
R 5: (FM in die nächsten 2 M, 2 FM in die nächste M) wiederholen. (12)
R 6: FM in jede M. (12)
R 7: (2 FM in die nächste M, FM in die nächsten 3 M) wiederholen. (15)
R 8: FM in jede M. (15)

R 9: FM in die nächsten 2 M, 2 FM in die nächste M, (FM in die nächsten 4 M, 2 FM in die nächste M) 2-mal, FM in die nächsten 2 M. (18)
R 10: FM in jede M. (18)
R 11: (2 FM in die nächste M, FM in die nächsten 5 M) wiederholen. (21)
R 12: FM in jede M. (21)
R 13: FM in die nächsten 3 M, 2 FM in die nächste M, (FM in die nächsten 6 M, 2 FM in die nächste M) 2-mal, FM in die nächsten 3 M. (24)
R 14: FM in jede M. (24)
R 15: (2 FM in die nächste M, FM in die nächsten 7 M) wiederholen. (27)
R 16: FM in jede M. (27)
R 17: FM in die nächsten 4 M, 2 FM in die nächste M, (FM in die nächsten 8 M, 2 FM in die nächste M) 2-mal, FM in die nächsten 4 M. (30)
R 18: FM in jede M. (30)
R 19: (2 FM in die nächste M, FM in die nächsten 9 M) wiederholen. (33)
R 20: FM in jede M. (33)
R 21: FM in die nächsten 5 M, 2 FM in die nächste M, (FM in die nächsten 10 M, 2 FM in die nächste M) 2-mal, FM in die nächsten 5 M. (36)
R 22: FM in jede M. (36)
R 23: (2 FM in die nächste M, FM in die nächsten 11 M) wiederholen. (39)
R 24: FM in jede M. (39)
R 25: FM in die nächsten 6 M, 2 FM in die nächste M, (FM in die nächsten 12 M, 2 FM in die nächste M) 2-mal, FM in die nächsten 6 M. (42)
R 26: FM in jede M. (42)
R 27: (2 FM in die nächste M, FM in die nächsten 13 M) wiederholen. (45)
R 28: FM in jede M. (45)
R 29: FM in die nächsten 7 M, 2 FM in die nächste M, (FM in die nächsten 14 M, 2 FM in die nächste M) 2-mal, FM in die nächsten 7 M. (48)
R 30: FM in jede M. (48)
R 31: (2 FM in die nächste M, FM in die nächsten 15 M) wiederholen. (51)
R 32: FM in jede M. (51)
R 33: FM in die nächsten 8 M, 2 FM in die nächste M, (FM in die nächsten 16 M, 2 FM in die nächste M) 2-mal, FM in die nächsten 8 M. (54)
R 34: FM in jede M, wechseln zu Cassiopeia Weiß (einfädig) in den letzten 2 Schlingen der letzten M. (54)
R 35-37: FM in jede M. (54)
R 38: FM in jede M, mit KM in die erste M verbinden, abketten. (54)

Pompom: Mit **Weiß 040** einen Pompom herstellen (5,5 cm), an der Spitze der Weihnachtsmütze anbringen.

Schlafmütze

3 Light

Für eine Mütze werden 36 g mitteldickes Garn gebraucht (Garnstärke DK bzw. light worsted).
Rote Mütze: Robin DK: Rot 042 = 4 g und Robin Paintbox DK Tropics 1113 = 32 g

Blaue Mütze: Robin DK: Hellblau 047 = 20 g und Blue Madonna 033 = 16 g

Knit Pro Pom Pom maker, Durchmesser 3,5 cm
Für einen Pompom werden 5 g mitteldickes Garn benötigt. Robin DK: Hellblau 047 oder Rot 042

Schlafmütze

R 1: Mit einem Faden mitteldickes Garn (Tropics 1113) und einer Häkelnadel der Stärke 4, 4 LM, 5 Stb in die 4. LM von der Nadel aus, mit KM in die erste M verbinden. (6)
R 2: 3 LM (zählen als ein Stb), 2 Stb in die nächste M, (Stb in die nächste M, 2 Stb in die nächste M) 2-mal, mit KM in die erste M verbinden. (9)
R 3: 3 LM, Stb in alle folgenden M, mit KM in die erste M verbinden. (9)
R 4: 3 LM, Stb in die nächste M, 2 Stb in die nächste M, (Stb in die nächsten 2 M, 2 Stb in die nächste M) 2-mal, mit KM in die erste M verbinden. (12)
R 5: 3 LM, Stb in alle folgenden M, mit KM in die erste M verbinden. (12)
R 6: 3 LM, Stb in die nächsten 2 M, 2 Stb in die nächste M, (Stb in die nächsten 3 M, 2 Stb in die nächste M) 2-mal, mit KM in die erste M verbinden. (15)
R 7: 3 LM, Stb in alle folgenden M, mit KM in die erste M verbinden. (15)

R 8: 3 LM, Stb in die nächste M, 2 Stb in die nächste M, (Stb in die nächsten 4 M, 2 Stb in die nächste M) 2-mal, Stb in die nächsten 2 M, mit KM in die erste M verbinden. (18)
R 9: 3 LM, Stb in alle folgenden M, mit KM in die erste M verbinden. (18)
R 10: 3 LM, Stb in die nächsten 4 M, 2 Stb in die nächste M, (Stb in die nächsten 5 M, 2 Stb in die nächste M) 2-mal, mit KM in die erste M verbinden. (21)
R 11: 3 LM, Stb in alle folgenden M, mit KM in die erste M verbinden. (21)
R 12: 3 LM, Stb in die nächsten 2 M, 2 Stb in die nächste M, (Stb in die nächsten 6 M, 2 Stb in die nächste M) 2-mal, Stb in die nächsten 3 M, mit KM in die erste M verbinden. (24)
R 13: 3 LM, Stb in alle folgenden M, mit KM in die erste M verbinden. (24)
R 14: 3 LM, Stb in die nächsten 6 M, 2 Stb in die nächste M, (Stb in die nächsten 7 M, 2 Stb in die nächste M) 2-mal, mit KM in die erste M verbinden. (27)
R 15: 3 LM, Stb in alle folgenden M, mit KM in die erste M verbinden. (27)
R 16: 3 LM, Stb in die nächsten 3 M, 2 Stb in die nächste M, (Stb in die nächsten 8 M, 2 Stb in die nächste M) 2-mal, Stb in die nächsten 4 M, mit KM in die erste M verbinden. (30)
R 17: 3 LM, Stb in alle folgenden M, mit KM in die erste M verbinden. (30)
R 18: 3 LM, Stb in die nächsten 8 M, 2 Stb in die nächste M, (Stb in die nächsten 9 M, 2 Stb in die nächste M) 2-mal, mit KM in die erste M verbinden. (33)
R 19: 3 LM, Stb in alle folgenden M, mit KM in die erste M verbinden. (33)
R 20: 3 LM, Stb in die nächsten 4 M, 2 Stb in die nächste M, (Stb in die nächsten 10 M, 2 Stb in die nächste M) 2-mal, Stb in die nächsten 5 M, mit KM in die erste M verbinden. (36)
R 21: 3 LM, Stb in alle folgenden M, mit KM in die erste M verbinden. (36)
R 22: 3 LM, Stb in die nächsten 10 M, 2 Stb in die nächste M, (Stb in die nächsten 11 M, 2 Stb in die nächste M) 2-mal, mit KM in die erste M verbinden. (39)
R 23: 3 LM, Stb in alle folgenden M, mit KM in die erste M verbinden. (39)
R 24: 3 LM, Stb in die nächsten 5 M, 2 Stb in die nächste M, (Stb in die nächsten 12 M, 2 Stb in die nächste M) 2-mal, Stb in die nächsten 6 M, mit KM in die erste M verbinden. (42)
R 25: 3 LM, Stb in alle folgenden M, mit KM in die erste M verbinden. (42)
R 26: 3 LM, Stb in die nächsten 12 M, 2 Stb in die nächste M, (Stb in die nächsten 13 M, 2 Stb in die nächste M) 2-mal, mit KM in die erste M verbinden. (45)
R 27: 3 LM, Stb in alle folgenden M, mit KM in die erste M verbinden. (45)
R 28: 3 LM, Stb in die nächsten 6 M, 2 Stb in die nächste M, (Stb in die nächsten 14 M, 2 Stb in die nächste M) 2-mal, Stb in die nächsten 7 M, mit KM in die erste M verbinden. (48)
R 29: 3 LM, Stb in alle folgenden M, mit KM in die erste M verbinden. (48)
R 30: 3 LM, Stb in die nächsten 14 M, 2 Stb in die nächste M, (Stb in die nächsten 15 M, 2 Stb in die nächste M) 2-mal, mit KM in die erste M verbinden. (51)
R 31: 3 LM, Stb in alle folgenden M, mit KM in die erste M verbinden. (51)
R 32: 3 LM, Stb in die nächsten 7 M, 2 Stb in die nächste M, (Stb in die nächsten 16 M, 2 Stb in die nächste M) 2-mal, Stb in die nächsten 8 M, mit KM in die erste M verbinden. (54)
R 33: 3 LM, Stb in alle folgenden M, mit KM in die erste M verbinden. (54)
R 34: 3 LM, Stb in die nächsten 16 M, 2 Stb in die nächste M, (Stb in die nächsten 17 M, 2 Stb in die nächste M) 2-mal, mit KM in die erste M verbinden. (57)
R 35: 3 LM, Stb in die nächsten 8 M, 2 Stb in die nächste M, (Stb in die nächsten 18 M, 2 Stb in die nächste M) 2-mal, Stb in die nächsten 9 M, mit KM in die erste M verbinden. (60)
R 36: 3 LM, Stb in die nächsten 18 M, 2 Stb in die nächste M, (Stb in die nächsten 19 M, 2 Stb in die nächste M) 2-mal, mit KM in die erste M verbinden, wechseln zu Rot 042 (einfädig). (63)
R 37: 3 LM, Stb in die nächsten 9 M, 2 Stb in die nächste M, (Stb in die nächsten 20 M, 2 Stb in die nächste M) 2-mal, Stb in die nächsten 10 M, mit KM in die erste M verbinden. (66)
R 38: 1 LM, KM in alle folgenden M der Runde, abmaschen. (66)

Pompom: Mit Rot 042 einen Pompom mit einem Durchmesser von 3,5 cm herstellen und an die Spitze der Schlafmütze anbringen.

Blaue Schlafmütze

In Hellblau 047: Runden 1,3,5,7,9,11,...,37,38
In Blue Madonna 033: Runden 2,4,6,8,...,36

Mit Hellblau 047 einen Pompom mit einem Durchmesser von 3,5 cm herstellen und an der Spitze der Schlafmütze anbringen.

Sonnenhut

Für einen Hut werden 35 g mitteldickes Garn benötigt (Garnstärke DK bzw. light worsted):
Robin DK Fondant 052

Sonnenhut

R 1: Mit zwei Fäden Fondant 052 und einer Häkelnadel Nr.5, 2 LM, 6 FM in die zweite LM von der Häkelnadel aus. (6)
R 2: 2 FM in jede M. (12)
R 3: (2 FM in die nächste M, FM in die nächste M) wiederholen. (18)
R 4: (FM in die nächsten 2 M, 2 FM in die nächste M) wiederholen. (24)
R 5: (FM in die nächsten 3 M, 2 FM in die nächste M) wiederholen. (30)
R 6: FM in die nächsten 2 M, 2 FM in die nächste M, (FM in die nächsten 4 M, 2 FM in die nächste M) 5-mal, FM in die nächsten 2 M. (36)
R 7: (FM in die nächsten 5 M, 2 FM in die nächste M) wiederholen. (42)
R 8: FM in die nächsten 3 M, 2 FM in die nächste M, (FM in die nächsten 6 M, 2 FM in die nächste M) 5-mal, FM in die nächsten 3 M. (48)
R 9-17: FM in jede M. (48)
R 18: <u>Nur in die vorderen Schlingen arbeiten</u>. (2 FM in die nächste M, FM in die nächsten 2 M) wiederholen. (64)
R 19: (FM in die nächsten 7 M, 2 FM in die nächste M) wiederholen. (72)
R 20: FM in die nächsten 4 M, 2 FM in die nächste M, (FM in die nächsten 8 M, 2 FM in die nächste M) 7-mal, FM in die nächsten 4 M. (80)
R 21: FM in jede M, KM in die erste M, abmaschen. (80)

Den Hut wie gewünscht verzieren.

Käppi

Für ein Käppi werden 25 g mitteldickes Garn benötigt (Garnstärke DK bzw. light worsted): Robin DK Königsblau 086.

Käppi

R 1: Mit **zwei Fäden Königsblau 086** und einer Häkelnadel Nr.5, 2 LM, 6 FM in die zweite LM von der Häkelnadel aus. (6)
R 2: 2 FM in jede M. (12)
R 3: (2 FM in die nächste M, FM in die nächste M) wiederholen. (18)
R 4: (FM in die nächsten 2 M, 2 FM in die nächste M) wiederholen. (24)
R 5: (FM in die nächsten 3 M, 2 FM in die nächste M) wiederholen. (30)
R 6: FM in die nächsten 2 M, 2 FM in die nächste M, (FM in die nächsten 4 M, 2 FM in die nächste M) 5-mal, FM in die nächsten 2 M. (36)
R 7: (FM in die nächsten 5 M, 2 FM in die nächste M) wiederholen. (42)
R 8: FM in die nächsten 3 M, 2 FM in die nächste M, (FM in die nächsten 6 M, 2 FM in die nächste M) 5-mal, FM in die nächsten 3 M. (48)
R 9-15: FM in jede M. (48)

Reihen 16-20: In Reihen arbeiten.
Reihe 16: Beginn des Schirms, nur in die vorderen Schlingen arbeiten, mit FM die nächsten 2 M zus, (FM in die nächsten 2 M, 2 FM in die nächste M) 4-mal, FM in die nächsten 2 M, mit FM die nächsten 2 M zus, wenden. (20)
Reihe 17: 1 LM, die ersten 2 M mit FM zus, FM in die nächsten 16 M, mit FM die nächsten 2 M zus, wenden. (18)
Reihe 18: 1 LM, die ersten 2 M mit FM zus, FM in die nächsten 14 M, mit FM die nächsten 2 M zus, wenden. (16)
Reihe 19: 1 LM, die ersten 2 M mit FM zus, FM in die nächsten 12 M, mit FM die nächsten 2 M zus, wenden. (14)
Reihe 20: 1 LM, die ersten 2 M mit FM zus, FM in die nächsten 10 M, mit FM die nächsten 2 M zus, abmaschen. (12)

Nachtwäsche

Für ein Nachthemd werden 25 g mitteldickes Garn benötigt (Garnstärke DK bzw. light worsted):

Robin Paintbox DK Tropics 1113 oder Robin DK Hellblau 047.

Nachtwäsche

In Reihen arbeiten.

Reihe 1: Mit einem Faden **Tropics 1113** und einer Häkelnadel der Stärke 4, 80 LM, Stb in die 4. LM von der Nadel aus, Stb in die nächsten 76 LM, wenden. (78)

Reihe 2-6 nur in die hinteren Maschenglieder einstechen.

Reihe 2-6: 3 LM (zählen als ein Stb), Stb in jede M, wenden. (78)

Reihe 7: 1 LM, FM in die gleiche M, FM in die nächsten 29 M, 18 LM, 18 M überspringen, FM in die nächsten 30 M, wenden. (60 M, 18 LM)

Reihe 8: 3 LM (zählen als ein Stb), Stb in die nächsten 29 M, Stb in die nächste 18 LM, Stb in die nächsten 30 M, wenden. (78)

Reihe 9-13 nur in die hinteren Maschenglieder einstechen.

Reihe 9-12: 3 LM, Stb in jede M, wenden. (78)

Reihe 13: 3 LM, Stb in jede M, langen Faden zum Annähen lassen, abmaschen. (78)

Größe vor dem Zusammenlegen: 39 x 12 cm.

Nachthemd zusammenlegen, zusammennähen und 5 cm für die Armausschnitte lassen.

Sommerkleidchen

3 Light

Für ein Kleidchen werden 30 g mitteldickes Garn benötigt (Garnstärke DK bzw. light worsted).
Robin DK: Hellblau 047 = 5 g und Türkis 281 = 25 g

Ein Druckknopf (5 mm)

Kleid

In Reihen arbeiten.

Reihe 1: Mit einem Faden **Hellblau 047** und einer Häkelnadel Nr. 4, 46 LM, FM in die zweite LM von der Häkelnadel aus, FM in die nächsten 44 LM, wenden. (45)

Reihe 2: 1 LM, FM in die 1. LM, FM in die nächsten 7 M, 6 LM, 10 M überspringen, FM in die nächsten 9 M, 6 LM, 10 M überspringen, FM in die nächsten 8 M, wenden. (25 M, 12 LM)

Reihe 3: 1 LM, FM in die 1. M, FM in die nächsten 7 M, FM in die nächsten 6 LM, FM in die nächsten 9 M, FM in die nächsten 6 LM, FM in die nächsten 8 M, wenden. (37)

Reihe 4: 1 LM, FM in jede M, wenden. (37)

Reihe 5: 1 LM, FM in die 1. M, FM in die nächsten 4 M, 2 FM in die nächste M, (FM in die nächsten 10 M, 2 FM in die nächste M) 2-mal, FM in die nächsten 5 M, 2 FM in die nächste M, FM in die nächsten 3 M, wenden. (41)

Runden 6 - 22 werden in Runden gearbeitet und am Rundenende mit einer KM verbunden.

R 6: 1 LM, FM in die erste M, FM in die nächsten 38 M, die letzten beiden M überspringen, mit KM in die erste M verbinden. (39)

R 7: 1 LM, FM in die 1. M, FM in die nächsten 38 M, mit KM in die erste M verbinden. (39)
R 8: 1 LM, FM in die 1. M, FM in die nächsten 11 M, 2 FM in die nächste M, (FM in die nächsten 12 M, 2 FM in die nächste M) 2-mal, wechseln zu Türkis 281 in den letzten 2 Schlingen der letzten M, mit KM in die erste M verbinden. (42)
R 9: 3 LM (zählen als ein Stb), 2 Stb in die gleiche M, nächste M überspringen, (3 Stb in die nächste M, nächste M überspringen) 20-mal, KM in die erste M.

R 10-21: 3 LM (zählen als ein Stb), 2 Stb in den gleichen Zwischenraum zwischen den Stäbchengruppen, je 3 Stb in die nächsten Zwischenräume bis zum Rundenende, KM in die erste M.
R 22: 1 LM, FM in gleichen Zwischenraum, 2 LM, 2 Stb in gleichen Zwischenraum, (FM in nächsten Zwischenraum, 2 LM, 2 Stb in gleichen Zwischenraum) 20-mal, KM in die erste M, abmaschen.

Druckknöpfe am Kleidchen anbringen (markiert mit X), siehe Bild unten.

Latzkleid

Für ein Kleid werden 25 g mitteldickes Garn benötigt (Garnstärke DK bzw. light worsted);
Robin DK Aqua 130 = 25 g.

Zwei Herzknöpfe (12 mm).

Latzkleid

R 1: Mit einem Faden **Aqua 130** und einer Häkelnadel Nr. 4, 50 LM, KM in die erste LM um einen Ring zu erhalten, 3 LM (zählen als ein Stb), Stb in die nächste 49 LM, mit KM in die erste M verbinden. (50)
R 2-6: 3 LM (zählen als ein Stb), Stb in die nächsten 49 M, mit KM in die erste M verbinden. (50)
R 7: 3 LM (zählen als ein Stb), Stb in die nächsten 8 M, 2 Stb in die nächste M, (Stb in die nächsten 9 M, 2 Stb in die nächste M) 4-mal, mit KM in die erste M verbinden. (55)
R 8: 3 LM(zählen als ein Stb), Stb in alle folgenden M, mit KM in die erste M verbinden.(55)
R 9: 3 LM (zählen als ein Stb), Stb in die nächsten 4 M, 2 Stb in die nächste M, (Stb in die nächsten 10 M, 2 Stb in die nächste M) 4-mal, Stb in die nächsten 5 M, mit KM in die erste M verbinden. (60)
R 10: 3 LM (zählen als ein Stb), Stb in alle folgenden M, mit KM in die erste M verbinden. (60)
R 11: 3 LM (zählen als ein Stb), Stb in die nächsten 10 M, 2 Stb in die nächste M, (Stb in die nächsten 11 M, 2 Stb in die nächste M) 4-mal, mit KM in die erste M verbinden. (65)
R 12: 3 LM (zählen als ein Stb), Stb in alle folgenden M, mit KM in die erste M verbinden. (65)
R 13: 3 LM (zählen als ein Stb), Stb in alle folgenden M, mit KM in die erste M verbinden, abmaschen. (65)

Latzkleid & Latzhose: die Knöpfe zwischen den Stb der R 3 des Latzes anbringen.

Latz

In Reihen arbeiten.

Reihe 1: Mit einem Faden Aqua 130 und einer Häkelnadel Nr. 4, Garn an die 7. M vom Rand aus anmaschen, 3 LM (zählen als ein Stb), Stb in die nächsten 12 M, wenden. (13)

Reihe 2: 3 LM (zählen als ein Stb), Stb in die nächsten 12 M, wenden. (13)
Reihe 3: 3 LM (zählen als ein Stb), Stb in die nächsten 12 M; um den Rand der Kleides herum arbeiten, 1 LM, FM um den Rand herum, mit KM in die erste M verbinden, abmaschen.

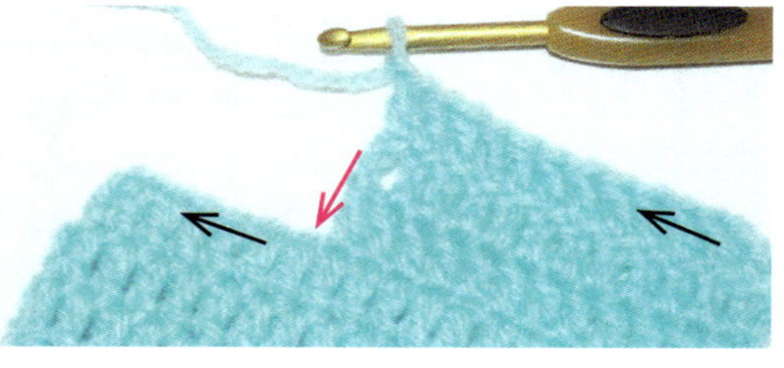

Träger

2-mal.

Reihe 1: Mit einem Faden Aqua 130 und einer Häkelnadel Nr. 4, 30 LM, FM in die zweite LM von der Häkelnadel aus, FM in die nächsten 28 LM, langen Faden zum Annähen lassen, abmaschen. (29)
Träger hinten an das Kleid nähen (siehe Bild unten).

Die Träger kreuzen und mittig vernähen (markiert mit X).

Knöpfe auf die Träger nähen.

Die Knöpfe zwischen den Stb der R 3 des Latzes anbringen.

Latzhose

Für eine Latzhose werden 25 g mitteldickes Garn benötigt (Garnstärke DK). Robin DK: Türkis 281.
Zwei Knöpfe (12 mm).

Latzhose

R 1: Mit einem Faden **Türkis 281** und einer Häkelnadel Nr. 4, 50 LM, KM in die erste LM, um einen Ring zu erhalten, 3 LM (zählen als ein Stb), Stb in die nächste 49 LM, mit KM in die erste M verbinden. (50)
R 2-8: 3 LM(zählen als ein Stb), Stb in die nächste 49 LM, mit KM in die erste M verbinden. (50)
R 9: Erstes Bein beginnen; 3 LM (zählen als ein Stb), Stb in die nächsten 24 M, nächste 25 M überspringen, mit KM in die erste M verbinden. (25)
R 10-12: 3 LM (zählen als ein Stb), Stb in die nächsten 24 M, mit KM in die erste M verbinden. (25)
R 13: 3 LM (zählen als ein Stb), Stb in die nächsten 24 M, mit KM in die erste M verbinden, abmaschen. (25)

R 9: Zweites Bein beginnen; Mit einem Faden **Türkis 281** einer Häkelnadel Nr. 4, Garn an die nächste freie M der R 8 anmaschen, 3 LM (zählen als ein Stb), Stb in die nächsten 24 M, mit KM in die erste M verbinden. (25)
R 10-12: 3 LM (zählen als ein Stb), Stb in die nächsten 24 M, mit KM in die erste M verbinden. (25)
R 13: 3 LM (zählen als ein Stb), Stb in die nächsten 24 M, mit KM in die erste M verbinden, abmaschen. (25)

Zwickel zunähen.

Latz

In Reihen arbeiten.

Reihe 1: Mit einem Faden **Türkis 281** und Häkelnadel Nr. 4, Garn an die 7. M vom Rand aus anmaschen, 3 LM (zählen als ein Stb), Stb in die nächsten 12 M, wenden. (13)

Reihe 2: 3 LM (zählen als ein Stb), Stb in die nächsten 12 M, wenden. (13)

Reihe 3: 3 LM (zählen als ein Stb), Stb in die nächsten 12 M; um den Rand der Latzhose herum arbeiten, 1 LM, FM um die Kante herum, mit KM in die erste M verbinden, abmaschen.

Träger

2-mal.

Reihe 1: Mit einem Faden **Türkis 281** und einer Häkelnadel Nr. 4, 30 LM, FM in die zweite LM von der Häkelnadel aus, FM in die nächsten 28 LM, langen Faden zum Annähen lassen, abketten. (29)

Träger an die Rückseite der Latzhose anbringen.

Die Träger kreuzen und mittig vernähen (markiert mit X). Knöpfe auf die Träger nähen.

Die Knöpfe gehen zwischen die Stb der R 3 des Latzes.

Weihnachtskleidchen

Für ein Kleid werden 25 g mitteldickes Garn benötigt (Garnstärke DK bzw. light worsted).
Robin DK: Hellblau 047 oder Rot 042.

Borte: 5 g dickes Flauschgarn:
Schachenmayr Nomotta Cassiopeia, Farbe: Weiß.

Drei Druckknöpfe (5 mm)

Kleid

Oberteil

In Reihen arbeiten.

Reihe 1: Mit einem Faden **Rot 042** und einer Häkelnadel Nr.4, 50 LM, Stb in die 4. LM von der Nadel aus, Stb in die nächste 46 LM, wenden. (48)

Reihe 2: 3 LM (zählen als ein Stb), Stb in jede M, wenden. (48)

Reihe 3: 3 LM, Stb in die nächsten 2 M, Stb in die nächsten 2 M zusammen, (Stb in die nächsten 6 M, Stb in die nächsten 2 M zusammen) 5-mal, Stb in die nächsten 3 M, wenden. (42)

Reihe 4: 3 LM, Stb in die nächsten 4 M, Stb in die nächsten 2 M zusammen, (Stb in die nächsten 5 M, Stb in die nächsten 2 M zusammen) 5-mal, wenden. (36)

Reihe 5: 3 LM, Stb in die nächste M, Stb in die nächsten 2 M zusammen, (Stb in die nächsten 4 M, Stb in die nächsten 2 M zusammen) 5-mal, Stb in die nächsten 2 M, wenden. (30)

Reihe 6-7: 3 LM, Stb in jede Masche, wenden. (30)

Reihe 8: 3 LM, Stb in die nächsten 7 M, 10 LM, Stb in die nächsten 13 M, 10 LM, Stb in die nächsten 9 M, wenden. (30 Stb, 20 LM)

Reihe 9: 3 LM, Stb in die nächsten 8 M, (die nächsten beiden LM mit einem Stb zusammen abmaschen) 5-mal, Stb in die nächsten 13 M, (die nächsten beiden LM mit einem Stb zusammen abmaschen) 5-mal, Stb in die nächsten 8 M. (40)

Rand Oberteil: In die Enden der R 1-9 arbeiten.
Reihe 1: 1 LM, 2 FM ins Ende der R 9, 2 FM in die Enden der nächsten 8 Reihen, wenden. (18)

Reihe 2: 1 LM, FM in jede M, abmaschen. (18)

Rand Oberteil, andere Seite:
<u>In die Enden der Reihen 1-9 arbeiten</u>.
Reihe 1: Mit einem Faden **Rot 042** und einer Häkelnadel Nr. 4, am Ende der Reihe 1 anmaschen, 1 LM, 2 FM ins Ende der R 1, 2 FM in die Enden der nächsten 8 Reihen, wenden. (18)

Reihe 2: 1 LM, FM in jede M, nicht abmaschen. (18)

Fertige R 2

Rock: In Runden arbeiten und am Rundenende mit KM verbinden.
R 1: Mit einem Faden Rot 042 und einer Häkelnadel Nr. 4, 1 LM, FM ins Ende der R 2 des Rands des Oberteiles, FM ins Ende der nächsten R; in die Anfangsluftmaschenkette des Oberteiles arbeiten, FM in die nächsten 48 LM, 2 Reihen überspringen (Rand des Oberteiles), mit KM in die erste M verbinden. (50)

Die ersten 4 M der R 1:

Siehe Bild rechts für das Ende der R1, nachdem 50 M gearbeitet wurden. Die blau markierten M werden übersprungen.

R 2: 3 LM (zählen als ein Stb), Stb in die nächsten 49 M, mit KM in die erste M verbinden. (50)
R 3: 3 LM, Stb in die nächsten 8 M, 2 Stb in die nächste M, (Stb in die nächsten 9 M, 2 Stb in die nächste M) 4-mal, mit KM in die erste M verbinden. (55)
R 4: 3 LM, Stb in die nächsten 4 M, 2 Stb in die nächste M, (Stb in die nächsten 10 M, 2 Stb in die nächste M) 4-mal, Stb in die nächsten 5 M, mit KM in die erste M verbinden. (60)
R 5: 3 LM, Stb in die nächsten 10 M, 2 Stb in die nächste M, (Stb in die nächsten 11 M, 2 Stb in die nächste M) 4-mal, mit KM in die erste M verbinden. (65)
R 6: 3 LM, Stb in die nächsten 5 M, 2 Stb in die nächste M, (Stb in die nächsten 12 M, 2 Stb in die nächste M) 4-mal, Stb in die nächsten 6 M, mit KM in die erste M verbinden. (70)
R 7: 3 LM, Stb in die nächsten 12 M, 2 Stb in die nächste M, (Stb in die nächsten 13 M, 2 Stb in die nächste M) 4-mal, mit KM in die erste M verbinden. (75)
R 8: 3 LM, Stb in die nächsten 6 M, 2 Stb in die nächste M, (Stb in die nächsten 14 M, 2 Stb in die nächste M) 4-mal, Stb in die nächsten 7 M, mit KM in die erste M verbinden, wechseln zu Cassiopeia Weiß (einfädig). (80)
R 9: 2 LM, hStb in jede M, mit KM in die erste M verbinden, abmaschen. (80)

Die 3 Druckknöpfe an die Kanten des Kleides nähen.

Bolero & Schal

Für einen Bolero werden 15 g mitteldickes Garn benötigt (Garnstärke DK bzw. light worsted).
Robin DK: Blue Madonna 033 oder Rot 042.

Borte: 5 g dickes Flauschgarn.
Schachenmayr Nomotta Cassiopeia: Weiß

Schal: 5 g dickes Flauschgarn.
Schachenmayr Nomotta Cassiopeia: Weiß.

Bolero

In Reihen arbeiten.

Reihe 1: Mit einem Faden **Rot 042** und Häkelnadel Nr. 4, 55 LM, Stb in die 4. LM von der Nadel aus, Stb in die nächsten 51 LM, wenden. (53)

Reihe 2-8: 3 LM (zählen als ein Stb), Stb in jede M, wenden. (53)

Reihe 9: 3 LM, Stb in jede M, langen Faden zum Annähen lassen, abmaschen. (53)

Größe vor dem Zusammenlegen: 29,5 x 9 cm. Bolero zusammenlegen und beide Teile etwa 6 cm vom Rand entfernt zusammen nähen.

Kante Bolero (Körper): Mit einem Faden **Cassiopeia Weiß** und einer Häkelnadel der Stärke 4, mit KM verbinden, 1 LM, FM in die gleiche M, (5 LM, FM in die nächste M) bis zum Ende wiederholen, abmaschen.

Kante Bolero (Ärmel): Mit einem Faden flauschiges Garn (**Cassiopeia Weiß**) und einer Häkelnadel Nr. 4; <u>in die Enden der Reihen arbeiten</u>, mit KM verbinden, 1 LM, FM in die selbe M, (3 LM, FM in die selbe M, 3 LM, FM in die nächste M (nächstes Reihenende)) rundherum, abmaschen.

<u>Schema zur Ärmelkante</u>

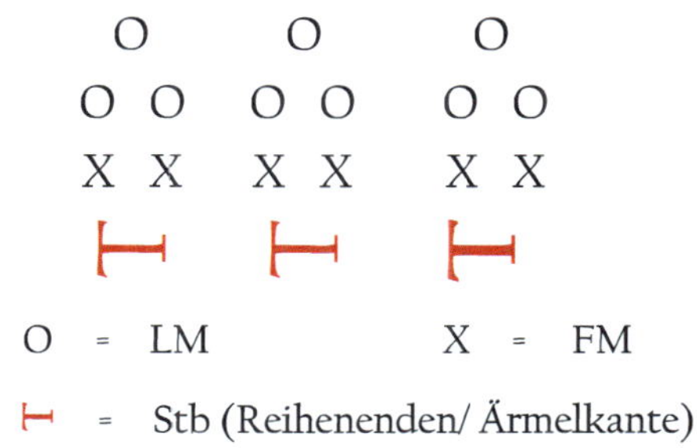

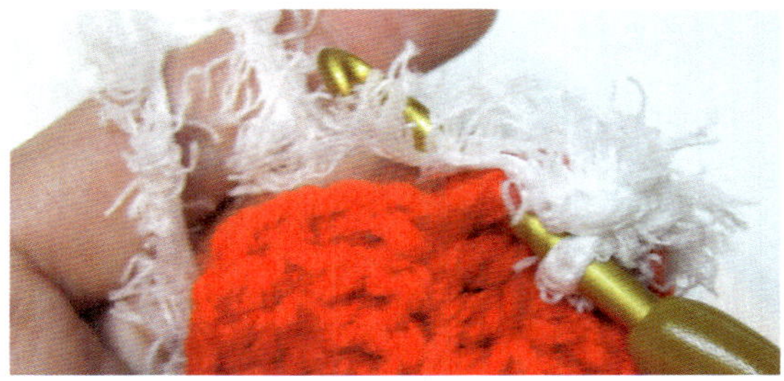

Schal

In Reihen arbeiten.

Reihe 1: Mit einem Faden flauschiges Garn (**Cassiopeia Weiß**) und einer Häkelnadel der Stärke 5, 70 LM, FM in die 2. LM von der Nadel aus, FM in die nächsten 68 LM, wenden. (69)

Reihe 2: 1 LM, FM in jede M, abmaschen. (69)

Trägerkleidchen

Für ein Kleidchen werden 16 g mitteldickes Garn benötigt (Garnstärke DK bzw. light worsted).
Blaues Kleidchen: Robin DK Königsblau 086 (15 g) und Türkis 281 (1 g)
Lila Kleidchen: Robin DK Violett 094 (15 g) und Fondant 052 (1 g)

Je Kleidchen drei Knöpfe (12 mm).

Trägerkleidchen

In Reihen arbeiten.
Reihe 1: Mit einem Faden **Royal 086** und einer Häkelnadel Nr. 4, 45 LM, Stb in die 4. LM von der Nadel aus, Stb in die nächsten 41 LM, wenden. (3 LM zählen als ein Stb, 43 M)
Reihe 2-3: 3 LM (zählen als ein Stb), Stb in die nächsten 42 M, wenden. (43)
Reihe 4: 3 LM (zählen als ein Stb), Stb in die nächsten 10 M, 2 Stb in die nächste M, Stb in die nächsten 22 M, 2 Stb in die nächste M, Stb in die nächsten 8 M, wenden. (45)
Reihe 5: 3 LM (zählen als ein Stb), Stb in die nächsten 7 M, 2 Stb in die nächste M, (Stb in die nächsten 8 M, 2 Stb in die nächste M) 4-mal, wenden. (50)
Reihe 6: 3 LM (zählen als ein Stb), Stb in die nächsten 8 M, 2 Stb in die nächste M, (Stb in die nächsten 9 M, 2 Stb in die nächste M) 4-mal, wenden. (55)
Reihe 7: 3 LM (zählen als ein Stb), Stb in die nächsten 54 M, wenden. (55)
Reihe 8: 3 LM (zählen als ein Stb), Stb in die nächsten 9 M, 2 Stb in die nächste M, (Stb in die nächsten 10 M, 2 Stb in die nächste M) 4-mal, wenden. (60)
Reihe 9: 3 LM (zählen als ein Stb), Stb in die nächsten 59 M, wenden. (60)
Reihe 10: 3 LM (zählen als ein Stb), Stb in die nächsten 10 M, 2 Stb in die nächste M, (Stb in die nächsten 11 M, 2 Stb in die nächste M) 4-mal, wenden. (65)
Reihe 11: 3 LM (zählen als ein Stb), Stb in die nächsten 64 M, mit KM in die erste M verbinden, abmaschen. (65)

Träger

Mit einem Faden **Türkis 281** und einer Häkelnadel Nr. 4, Garn ans Ende der ersten R anmaschen, FM in die ersten 8 M, 10 LM, 8 M überspringen, FM in die nächsten 10 M, 10 LM, 8 M überspringen, FM in die nächsten 8 M, abmaschen. (26 M, 20 LM)

Knöpfe am Kleidchen anbringen. Um das Kleid knöpfen zu können, die Knöpfe zwischen den Stb anbringen.

Kleid mit Glockenrock

Langes Kleid

Für ein **langes Kleid** werden 50 g mitteldickes Garn gebraucht (Garnstärke DK bzw. light worsted).

Robin DK: Pink 046 oder Gelb 060

3 Light

Verzierung
Gelbes Kleid: 100 cm Schmetterlingsborte.
Pinkes Kleid: 100 cm Schmetterlingsborte und 70 cm weiße Spitzenborte (28 mm Breite).

Kurzes Kleid

Für ein **kurzes Kleid** werden 30 g mitteldickes Garn verwendet. (Garnstärke DK bzw. light worsted).
Robin DK: Aqua 130 oder Weiß 040
Verzierung
Weißes Kleid: 55 cm weiße Spitzenborte (28 mm Breite), 80 cm rotes Organzaband (3 mm Breite) und eine rote Schleife.
Blaues Kleid: 55 cm weiße Spitzenborte (28 mm Breite), 30 cm blaue Zackenlitze (7 mm Breite) und einen Blumenknopf (25 mm).

Zwei Druckknöpfe (5 mm) oder zwei Knöpfe (12 mm) je Kleid.

Langes Kleid mit Glockenrock

In Reihen arbeiten.
Reihe 1: Mit einem Faden **Pink 046** und einer Häkelnadel der Stärke 4, 38 LM, Stb in die 4. LM von der Nadel aus, Stb in die nächsten 3 LM, 2 Stb in die nächste LM, (Stb in die nächste 5 LM, 2 Stb in die nächste LM) 5-mal, wenden. (3 LM zählen als ein Stb, 42)
Reihe 2: 3 LM (zählen als ein Stb), Stb in die nächsten 5 M, 2 Stb in die nächste M, (Stb in die nächsten 6 M, 2 Stb in die nächste M) 5-mal, wenden. (48)
Reihe 3: 3 LM (zählen als ein Stb), Stb in die nächsten 47 M, wenden. (48)
Reihe 4: 3 LM (zählen als ein Stb), Stb in die nächsten 5 M, 6 LM, 10 M überspringen, Stb in die nächsten 16 M, 6 LM, 10 M überspringen, Stb in die nächsten 6 M, wenden. (28 M, 12 LM)

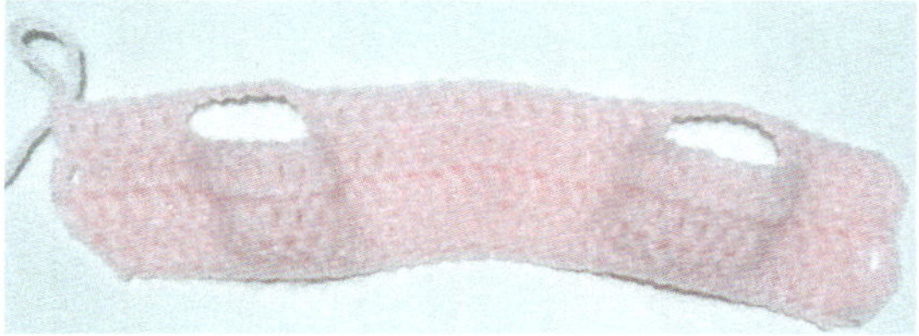

Reihe 5: 3 LM (zählen als ein Stb), Stb in die nächsten 5 M, Stb in die nächsten 6 LM, Stb in die nächsten 16 M, Stb in die nächste 6 LM, Stb in die nächsten 6 M, wenden. (40)
Reihe 6: 3 LM (zählen als ein Stb), Stb in die nächsten 39 M, wenden. (40)

R 7 - 25 werden in Runden gearbeitet und am Rundenende jeweils mit einer KM verbunden.
R 7: 3 LM (zählen als ein Stb), Stb in die nächsten 37 M, 2 M überspringen, mit KM in die erste M verbinden. (38)
R 8: 3 LM (zählen als ein Stb), 2 Stb in die nächste M, (Stb in die nächste M, 2 Stb in die nächste M) bis zum Rundenende, mit KM in die erste M verbinden. (57)
R 9: 3 LM (zählen als ein Stb), Stb in die nächste M, 2 Stb in die nächste M, (Stb in die nächsten 2 M, 2 Stb in die nächste M) bis zum Rundenende, mit KM in die erste M verbinden. (76)
R 10: 3 LM (zählen als ein Stb), Stb in die nächsten 17 M, 2 Stb in die nächste M, (Stb in die nächsten 18 M, 2 Stb in die nächste M) 3-mal, mit KM in die erste M verbinden. (80)
R 11: 3 LM (zählen als ein Stb), Stb in die nächsten 79 M, mit KM in die erste M verbinden. (80)
R 12: 3 LM (zählen als ein Stb), Stb in die nächsten 14 M, 2 Stb in die nächste M, (Stb in die nächsten 15 M, 2 Stb in die nächste M) 4-mal, mit KM in die erste M verbinden. (85)
R 13: 3 LM (zählen als ein Stb), Stb in die nächsten 84 M, mit KM in die erste M verbinden. (85)
R 14: 3 LM (zählen als ein Stb), Stb in die nächsten 15 M, 2 Stb in die nächste M, (Stb in die nächsten 16 M, 2 Stb in die nächste M) 4-mal, mit KM in die erste M verbinden. (90)
R 15: 3 LM(zählen als ein Stb), Stb in die nächsten 89 M, mit KM in die erste M verbinden. (90)
R 16: 3 LM (zählen als ein Stb), Stb in die nächsten 16 M, 2 Stb in die nächste M, (Stb in die nächsten 17 M, 2 Stb in die nächste M) 4-mal, mit KM in die erste M verbinden. (95)
R 17: 3 LM(zählen als ein Stb), Stb in die nächsten 94 M, mit KM in die erste M verbinden. (95)
R 18: 3 LM (zählen als ein Stb), Stb in die nächsten 17 M, 2 Stb in die nächste M, (Stb in die nächsten 18 M, 2 Stb in die nächste M) 4-mal, mit KM in die erste M verbinden. (100)
R 19: 3 LM(zählen als ein Stb), Stb in die nächsten 99 M, mit KM in die erste M verbinden. (100)
R 20: 3 LM (zählen als ein Stb), Stb in die nächsten 18 M, 2 Stb in die nächste M, (Stb in die nächsten 19 M, 2 Stb in die nächste M) 4-mal, mit KM in die erste M verbinden. (105)
R 21: 3 LM(zählen als ein Stb), Stb in die nächsten 104 M, mit KM in die erste M verbinden. (105)
R 22: 3 LM (zählen als ein Stb), Stb in die nächsten 19 M, 2 Stb in die nächste M, (Stb in die nächsten 20 M, 2 Stb in die nächste M) 4-mal, mit KM in die erste M verbinden. (110)

R 23: 3 LM(zählen als ein Stb), Stb in die nächsten 109 M, mit KM in die erste M verbinden. (110)
R 24: 3 LM (zählen als ein Stb), Stb in die nächsten 20 M, 2 Stb in die nächste M, (Stb in die nächsten 21 M, 2 Stb in die nächste M) 4-mal, mit KM in die erste M verbinden. (115)
R 25: 3 LM (zählen als ein Stb), Stb in die nächsten 114 M, mit KM in die erste M verbinden, abmaschen. (115)

Druckknöpfe auf das Kleid nähen (markiert mit X), siehe Bild unten.

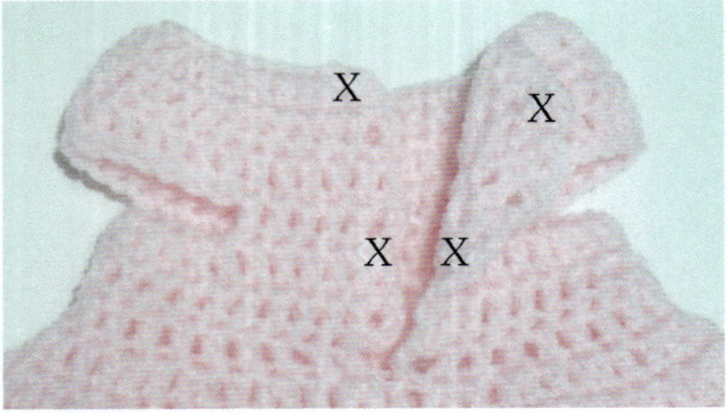

Pinkes Kleid: Schmetterlings- und Spitzenborte auf die letzte Reihe des Rockes nähen (R 25). Einzelne Schmetterlinge aus der Borte schneiden und unregelmäßig verteilt auf das Kleid nähen.

Alternativ Knöpfe annähen (siehe Bild unten). Um das Kleid zu knöpfen, die Knöpfe zwischen den Stb anbringen.

Gelbes Kleid: Schmetterlingsborte auf die letzte Reihe des Rockes nähen (R 25). Einzelne Schmetterlinge aus der Borte schneiden und unregelmäßig verteilt auf das Kleid nähen.

Kurzes Kleid mit Glockenrock

Wie das lange Kleid (Seite 65) arbeiten, jedoch nach R 17 abmaschen.

Blaues Kleid: Die blaue Zackenlitze zwischen die M der R 7 fädeln und beide Enden an R 7 annähen. Blumenknopf auf Vorderseite der R 7 nähen.

Weißes Kleid: Rotes Organzaband zwischen die M der R 7 fädeln und beide Enden an R 7 annähen. Rote Schleife auf Vorderseite der R 7 nähen.

Rotes Organzaband zwischen die M der letzten Runde (R 17) fädeln und beide Enden zusammen nähen. Spitzenborte auf die letzte R des Rockes nähen (R 17).

Rotkäppchenmantel

Für einen Mantel werden 32 g mitteldickes Garn benötigt (Garnstärke DK bzw. light worsted): Robin DK in Rot 042.

3 Light

Mantel

In Reihen arbeiten.

Reihe 1: Mit einem Faden **Rot 042** und einer Häkelnadel Nr. 4, 45 LM, Stb in die 4. M von der Nadel aus, Stb in die nächsten 41 LM, wenden. (3 LM zählen als ein Stb, 43 M)

Reihe 2-3: 3 LM (zählen als ein Stb), Stb in die nächsten 42 M, wenden. (43)

Reihe 4: 3 LM (zählen als ein Stb), Stb in die nächsten 10 M, 2 Stb in die nächste M, Stb in die nächsten 22 M, 2 Stb in die nächste M, Stb in die nächsten 8 M, wenden. (45)

Reihe 5: 3 LM (zählen als ein Stb), Stb in die nächsten 7 M, 2 Stb in die nächste M, (Stb in die nächsten 8 M, 2 Stb in die nächste M) 4-mal, wenden. (50)

Reihe 6: 3 LM (zählen als ein Stb), Stb in die nächsten 8 M, 2 Stb in die nächste M, (Stb in die nächsten 9 M, 2 Stb in die nächste M) 4-mal, wenden. (55)

Reihe 7: 3 LM (zählen als ein Stb), Stb in die nächsten 54 M, wenden. (55)

Reihe 8: 3 LM (zählen als ein Stb), Stb in die nächsten 9 M, 2 Stb in die nächste M, (Stb in die nächsten 10 M, 2 Stb in die nächste M) 4-mal, wenden. (60)

Reihe 9: 3 LM (zählen als ein Stb), Stb in die nächsten 59 M, wenden. (60)

Reihe 10: 3 LM (zählen als ein Stb), Stb in die nächsten 10 M, 2 Stb in die nächste M, (Stb in die nächsten 11 M, 2 Stb in die nächste M) 4-mal, wenden. (65)

Reihe 11: 3 LM (zählen als ein Stb), Stb in die nächsten 64 M, mit KM in die erste M verbinden, abmaschen. (65)

Mantel am Ende der Reihe 11:

Verschluss

Mit einem Faden Rot 042 und einer Häkelnadel Nr. 4, 30 LM, FM in jede LM der R1 des Mantels, 30 LM, abmaschen. (60 LM, 43 M)

Kapuze

In Reihen arbeiten.

Reihe 1: Mit einem Faden Rot 042 und einer Häkelnadel Nr. 4, 60 LM, Stb in die 4. LM von der Nadel aus, Stb in die nächsten 56 LM, wenden. (3 LM zählen als ein Stb, 58)

Reihe 2-9: 3 LM (zählen als ein Stb), Stb in die nächsten 57 M, wenden. (58)

Reihe 10: 3 LM (zählen als ein Stb), Stb in die nächsten 17 M, (Stb in die nächsten 2 M zusammen) 11-mal, Stb in die nächsten 18 M, wenden. (47)

Reihe 11: 3 LM (zählen als ein Stb), Stb in die nächsten 9 M, (Stb in die nächsten 2 M zusammen) 6-mal, Stb in die nächsten 3 M zusammen, (Stb in die nächsten 2 M zusammen) 6-mal, Stb in die nächsten 10 M, wenden. (33)

Reihe 12: 3 LM (zählen als ein Stb), Stb in die nächsten 32 M, wenden. (33)

Reihe 13: 1 LM, FM in erste M, FM in die nächsten 4 M, hStb in die nächste M, (Stb in die nächsten 2 M zusammen) 5-mal, Stb in die nächste M, (Stb in die nächsten 2 M zusammen) 5-mal, hStb in die nächste M, FM in die nächsten 5 M, langen Faden zum Annähen lassen, abmaschen. (23)

R 13 zusammennähen.

Mantel und Kapuze an einander feststecken (siehe Bild).

Kapuze an Mantel nähen.

Schuluniform

Weißes Oberteil

Für ein Oberteil werden 15 g mitteldickes Garn verwendet (Garnstärke DK bzw. light worsted).
Robin DK in Weiß 040.

Mädchen und Junge tragen das gleiche weiße Oberteil.

Vorderseite

Reihe 1: Mit einem Faden **Weiß 040** und einer Häkelnadel der Stärke 4, 28 LM, Stb in die 4. LM von der Nadel aus, Stb in die nächsten 24 LM, wenden. (3 LM zählen als ein Stb, 26 M)
Reihe 2-6: 3 LM (zählen als ein Stb), Stb in die nächsten 25 M, wenden. (26)
Reihe 7: 1 LM, FM in jede M, wenden. (26)
Reihe 8: 1 LM, FM in die erste M, FM in die nächsten 19 M, wenden. (20)
Reihe 9: 7 LM, FM in die zweite LM von der Häkelnadel aus, FM in die nächsten 5 LM, FM in die nächsten 20 M, wenden. (26)
Reihe 10-14: 3 LM (zählen als ein Stb), Stb in die nächsten 25 M, wenden. (26)
Reihe 15: 3 LM (zählen als ein Stb), Stb in die nächsten 25 M, abmaschen. (26)

Rückseite

Reihe 1: Mit einem Faden **Weiß 040** und Häkelnadel Nr.4, 28 LM, Stb in die 4. LM von der Nadel aus, Stb in die nächste 24 LM, wenden. (3 LM zählen als ein Stb, 26)
Reihe 2-4: 3 LM (zählen als ein Stb), Stb in die nächsten 25 M, wenden. (26)
Reihe 5-9: 3 LM (zählen als ein Stb), Stb in die nächsten 22 M, wenden. (23)
Reihe 10: 5 LM, Stb in die 4. LM von der Nadel aus, Stb in die nächste LM, Stb in die nächsten 23 M, wenden. (3 LM zählen als ein Stb, 26 M)
Reihe 11-12: 3 LM (zählen als ein Stb), Stb in die nächsten 25 M, wenden. (26)
Reihe 13: 3 LM (zählen als ein Stb), Stb in die nächsten 25 M, abmaschen. (26)

Beide Teile zusammennähen:
Schulter: 4 R vom Rand nähen.
Beide Seiten des Leibchens zusammennähen und 4-cm-Löcher für die Armausschnitte lassen.

Rock

Für einen Rock werden 20 g mitteldickes Garn verwendet (Garnstärke DK):
Robin DK in Schwarz 044

Zwei Druckknöpfe (5 mm)

Rock

R 1: Mit einem Faden **Schwarz 044** und Häkelnadel Nr. 4, 50 LM, KM in die erste LM, um einen Ring zu erhalten, 3 LM (zählen als ein Stb), Stb in die nächsten 49 LM, mit KM in die erste M verbinden. (50)
R 2-3: 3 LM (zählen als ein Stb), Stb in die nächsten 49 M, mit KM in die erste M verbinden. (50)
R 4: 3 LM (zählen als ein Stb), Stb in die nächsten 8 M, 2 Stb in die nächste M, (Stb in die nächsten 9 M, 2 Stb in die nächste M) 4-mal, mit KM in die erste M verbinden. (55)
R 5: 3 LM (zählen als ein Stb), Stb in die nächsten 54 M, mit KM in die erste M verbinden. (55)
R 6: 3 LM (zählen als ein Stb), Stb in die nächsten 9 M, 2 Stb in die nächste M, (Stb in die nächsten 10 M, 2 Stb in die nächste M) 4-mal, mit KM in die erste M verbinden. (60)
R 7: 3 LM (zählen als ein Stb), Stb in die nächsten 59 M, mit KM in die erste M verbinden. (60)
R 8: 3 LM (zählen als ein Stb), Stb in die nächsten 10 M, 2 Stb in die nächste M, (Stb in die nächsten 11 M, 2 Stb in die nächste M) 4-mal, mit KM in die erste M verbinden. (65)
R 9: 3 LM (zählen als ein Stb), Stb in die nächsten 64 M, mit KM in die erste M verbinden, abmaschen. (65)

Bund

R 1: Mit einem Faden **Schwarz 044** und einer Häkelnadel Nr. 4, Garn an R 1 des Rockes anschlagen, 1 LM, FM in die selbe M, FM in die nächsten 49 M, mit KM in die erste M verbinden. (50)
R 2: 1 LM, FM in jede M, mit KM in die erste M verbinden, abmaschen. (50)

Träger

2-mal.
Reihe 1: Mit einem Faden **Schwarz 044** und einer Häkelnadel Nr. 4, 35 LM, FM in die zweite LM von der Häkelnadel aus, FM in die nächsten 33 LM, langen Faden zum Annähen lassen, abmaschen. (34)

Träger an der Vorderseite annähen (siehe Bild).

Druckknöpfe auf die Träger und die Rückseite des Rockes nähen.

Shorts

Für ein Paar Shorts werden 20 g mitteldickes Garn benötigt (Garnstärke DK):
Robin DK in Schwarz 044.

Ein Druckknopf (5 mm)

Shorts

R 1: Mit einem Faden **Schwarz 044** und einer Häkelnadel der Stärke 4, 50 LM, KM in die erste LM um einen Ring zu erhalten, 3 LM (zählen als ein Stb), Stb in die nächsten 49 LM, mit KM in die erste M verbinden. (50)
R 2-5: 3 LM (zählen als ein Stb), Stb in die nächsten 49 M, mit KM in die erste M verbinden. (50)
R 6: erstes Bein beginnen; 3 LM (zählen als ein Stb), Stb in die nächsten 24 M, die nächsten 25 M überspringen, mit KM in die erste M verbinden. (25)
R 7-9: 3 LM (zählen als ein Stb), Stb in die nächsten 24 M, mit KM in die erste M verbinden. (25)
R 10: 3 LM (zählen als ein Stb), Stb in die nächsten 24 M, mit KM in die erste M verbinden, abmaschen (25)

R 6: zweites Bein beginnen; mit einem Faden **Schwarz 044** und einer Häkelnadel Nr. 4, Garn an die nächste freie M der R 5 anschlagen, 3 LM (zählen als ein Stb), Stb in die nächsten 24 M, mit KM in die erste M verbinden. (25)
R 7-9: 3 LM (zählen als ein Stb), Stb in die nächsten 24 M, mit KM in die erste M verbinden. (25)
R 10: 3 LM (zählen als ein Stb), Stb in die nächsten 24 M, mit KM in die erste M verbinden, abmaschen. (25)

Bund

In Reihen arbeiten.
Reihe 1: Mit einem Faden **Schwarz 044** und einer Häkelnadel Nr. 4, Garn mittig auf der Vorderseite anschlagen, 3 LM (zählen als ein Stb), Stb in die nächsten 49 M, wenden. (50)
Reihe 2: 4 LM, FM in die zweite LM von der Häkelnadel aus, FM in die nächsten 2 LM, FM in die nächsten 50 M, wenden. (53)
Reihe 3: 1 LM, FM in die erste M, FM in die nächsten 52 M, abmaschen. (53)

Den Zwickel zunähen.

Druckknöpfe annähen (siehe Bild).

Hemd & Hose

Blaues Hemd

Für ein Hemd werden 17 g mitteldickes Garn benötigt (Garnstärke DK bzw. light worsted):
Robin DK in Königsblau 086.

Hemd

2-mal. In Reihen arbeiten.

Reihe 1: Mit einem Faden **Königsblau 086** und Häkelnadel Nr. 4, 28 LM, Stb in die 4. M von der Nadel aus, Stb in die nächsten 24 LM, wenden. (3 LM zählen als ein Stb, 26)

Reihe 2-4: 3 LM (zählen als ein Stb), Stb in die nächsten 25 M, wenden. (26)

Reihe 5-9: 3 LM (zählen als ein Stb), Stb in die nächsten 22 M, wenden. (23)

Reihe 10: 5 LM, Stb in die 4. M von der Nadel aus, Stb in die nächste LM, Stb in die nächsten 23 M, wenden. (3 LM zählen als ein Stb, 26 M)

Reihe 11-12: 3 LM (zählen als ein Stb), Stb in die nächsten 25 M, wenden. (26)

Reihe 13: 3 LM (zählen als ein Stb), Stb in die nächsten 25 M, abmaschen. (26)

Beide Teile zusammennähen: Schultern 4 Reihen vom Rand vernähen. Beide Seite des Leibchens zusammennähen und 4 cm für den Armausschnitt lassen.

Hose

Für eine Hose werden 15 g mitteldickes Garn benötigt (Garnstärke DK bzw. light worsted):
Robin DK in Taupe 093.

Ein Druckknopf (5 mm)

__Hose__
R 1: Mit einem Faden Taupe 093 und einer Häkelnadel Nr. 4, 50 LM, KM in die erste LM, um einen Ring zu erhalten, 3 LM (zählen als ein Stb), Stb in die nächsten 49 LM, mit KM in die erste M verbinden. (50)
R 2-5: 3 LM (zählen als ein Stb), Stb in die nächsten 49 LM, mit KM in die erste M verbinden. (50)
R 6: erstes Bein beginnen; 3 LM (zählen als ein Stb), Stb in die nächsten 24 M, nächste 25 M überspringen, mit KM in die erste M verbinden. (25)
R 7-16: 3 LM (zählen als ein Stb), Stb in die nächsten 24 M, mit KM in die erste M verbinden. (25)
R 17: 3 LM (zählen als ein Stb), Stb in die nächsten 24 M, mit KM in die erste M verbinden, abmaschen. (25)

R 6: zweites Bein beginnen; Mit einem Faden Taupe 093 und Häkelnadel Nr. 4, Garn an die nächste freie M der R 5 anschlagen, 3 LM (zählen als ein Stb), Stb in die nächsten 24 M, mit KM in die erste M verbinden. (25)
R 7-16: 3 LM (zählen als ein Stb), Stb in die nächsten 24 M, mit KM in die erste M verbinden. (25)
R 17: 3 LM (zählen als ein Stb), Stb in die nächsten 24 M, mit KM in die erste M verbinden, abmaschen. (25)

Zwickel zunähen.

__Bund__
In Reihen arbeiten.
Reihe 1: Mit einem Faden Taupe 093 und einer Häkelnadel Nr. 4, Garn mittig an der Vorderseite der Hose anschlagen, 3 LM (zählen als ein Stb), Stb in die nächsten 49 M, wenden. (50)
Reihe 2: 4 LM, FM in die zweite LM von der Häkelnadel aus, FM in die nächsten 2 LM, FM in die nächsten 50 M, wenden. (53)
Reihe 3: 1 LM, FM in erste M, FM in die nächsten 52 M, abmaschen. (53)

Druckknöpfe annähen (siehe unten).

Jacke

<u>Vorderseite</u>

2-mal. In Reihen arbeiten.

Reihe 1: Mit einem Faden **Taupe 093** und einer Häkelnadel der Stärke 4, 33 LM, Stb in die 4. LM von der Nadel aus, Stb in die nächsten 29 LM, wenden. (3 LM zählen als ein Stb, 31 M)
Reihe 2-4: 3 LM (zählen als ein Stb), Stb in die nächsten 30 M, wenden. (31)
Reihe 5-8: 3 LM (zählen als ein Stb), Stb in die nächsten 27 M, wenden. (28)
Reihe 9: 3 LM (zählen als ein Stb), Stb in die nächsten 27 M, abmaschen. (28)

Für eine Jacke werden 27 g mitteldickes Garn benötigt (Garnstärke DK bzw. light worsted):
Robin DK in Silber 027 oder Taupe 093.

3 Light

Rückseite

In Reihen arbeiten.

Reihe 1: Mit einem Faden Taupe 093 und Häkelnadel Nr. 4, 33 LM, Stb in die 4. LM von der Nadel aus, Stb in die nächste 29 LM, wenden. (3 LM zählen als ein Stb, 31 M)

Reihe 2-4: 3 LM (zählen als ein Stb), Stb in die nächsten 30 M, wenden. (31)

Reihe 5-9: 3 LM (zählen als ein Stb), Stb in die nächsten 27 M, wenden. (28)

Reihe 10: 5 LM, Stb in die 4. LM von der Nadel aus, Stb in die nächste LM, Stb in die nächsten 28 M, wenden. (3 LM zählen als ein Stb, 31 M)

Reihe 11-12: 3 LM (zählen als ein Stb), Stb in die nächsten 30 M, wenden. (31)

Reihe 13: 3 LM (zählen als ein Stb), Stb in die nächsten 30 M, abmaschen. (31)

Ärmel

2-mal. In Reihen arbeiten.

Reihe 1: Mit einem Faden Taupe 093 und einer Häkelnadel Nr. 4, 20 LM, Stb in die 4. LM von der Nadel aus, Stb in die nächsten 16 LM, wenden. (3 LM zählen als ein Stb, 18 M)

Reihe 2-3: 3 LM (zählen als ein Stb), Stb in die nächsten 17 M, wenden. (18)

Reihe 4: 3 LM (zählen als ein Stb), Stb in die nächsten 17 M, abmaschen. (18)

Die Jacke in Taupe hat Dreiviertel- Ärmel (4 Reihen).
Die silberne Jacke hat lange Ärmel (5 Reihen: Reihe 5 wie Reihe 4 arbeiten).

Schultern vorne und hinten zusammennähen, dann Ärmel zusammennähen (siehe Bild unten).

Beide Seiten des Leibchens und der Ärmel zusammennähen.

Kleine Puppentaschen

Kuriertasche

Für eine Tasche werden 10 g mitteldickes Garn benötigt (Garnstärke DK bzw. light worsted): Robin DK: Taupe 093 oder Fiesta 064.

Zwei Knöpfe (12 mm) je Tasche.

R 1: Um die Anfangsluftmaschenkette herum arbeiten. Mit einem Faden **Taupe 093** und Häkelnadel Nr. 4, 15 LM, Stb in die 4. LM von der Nadel aus, Stb in die nächsten 10 LM, 3 Stb in die nächste LM; in die rückwärtigen Schlingen der Anfangsluftmaschen arbeiten, Stb in die nächste 11 LM, 2 Stb in die nächste LM, mit KM in die erste M verbinden. (28)

R 2-5: 3 LM (zählen als ein Stb), Stb in die nächsten 27 M, mit KM in die erste M verbinden. (28)

Reihen 6-9: In Reihen arbeiten.
Reihe 6-8: 3 LM (zählen als ein Stb), Stb in die nächsten 12 M, wenden. (13)
Reihe 9: 3 LM (zählen als ein Stb), Stb in die nächsten 12 M, abmaschen. (13)

Schultergurt

Reihe 1: Mit einem Faden **Taupe 093** und Häkelnadel Nr. 4, 55 LM, FM in die zweite LM von der Häkelnadel aus, FM in die nächsten 53 LM, langen Faden zum Annähen lassen, abmaschen. (54)

Schultergurt und Knöpfe an die Tasche nähen (siehe Bild).

Die Knöpfe zwischen den Stb der Reihe 9 anbringen.

Eckige Handtasche

Für eine Tasche werden 5 g mitteldickes Garn verwendet. (Garnstärke DK bzw. light worsted.)
Robin DK: Türkis 281 oder Fondant 052

Ein Blumenknopf (25 mm) je Tasche.

R 1-5: wie die Kuriertasche auf Seite 79.
R 6: 3 LM (zählen als ein Stb), Stb in die nächsten 27 M, mit KM in die erste M verbinden. (28)
R 7: 1 LM, FM in erste M, FM in die nächsten 3 M, 10 LM, 6 M überspringen, FM in die nächsten 8 M, 10 LM, 6 M überspringen, FM in die nächsten 4 M, mit KM in die erste M verbinden, abmaschen. (16 M, 20 LM)

Blumenknopf zur Verzierung auf die Tasche nähen.

Runde Handtasche

Für eine Tasche werden 5 g mitteldickes Garn verwendet. (Garnstärke DK bzw. light worsted.)
Robin DK: Aqua 130 oder Rot 042.

Ein Blumenknopf (25 mm) je Tasche.
20 weiße Perlen (5 mm) für den Henkel.

2-mal.
R 1: Mit 2 Fäden **Aqua 130** und einer Häkelnadel der Stärke 5, 2 LM, 6 FM in die zweite LM von der Häkelnadel aus. (6)
R 2: 2 FM in jede M. (12)
R 3: (2 FM in die nächste M, FM in die nächste M) bis zum Rundenende, mit KM in die erste M verbinden, abmaschen. (18)

Blumenknopf in die Mitte eines der Kreise nähen.

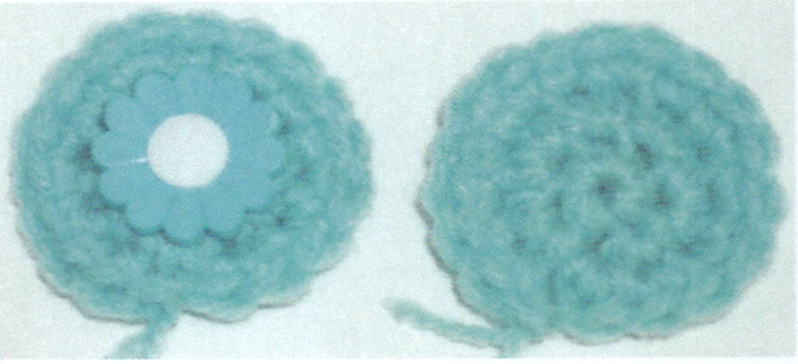

Beide Teile zusammennähen, dabei 5 M für die Öffnung der Tasche auslassen. Für den Henkel Perlen auffädeln.

Strandtasche

Für eine Tasche werden 15 g mitteldickes Garn benötigt (Garnstärke DK bzw. light worsted).

Für den Taschenboden (in dunklerer Farbe) werden 4 g gebraucht.
Für die Hauptfarbe (helle Farbe) werden 11 g verwendet.

Robin DK in den Farben:

- Fondant 052 und Pink 046
- Orange 063 und Pfirsich 049
- Grün 162 und Minze 057
- Türkis 281 und Hellblau 047

R 1: Mit **zwei Fäden Fondant 052** und einer Häkelnadel der Stärke 5, 2 LM, 6 FM in die zweite LM von der Häkelnadel aus. (6)
R 2: 2 FM in jede M. (12)
R 3: (2 FM in die nächste M, FM in die nächste M) wiederholen. (18)
R 4: (FM in die nächsten 2 M, 2 FM in die nächste M) wiederholen. (24)
R 5: (FM in die nächsten 3 M, 2 FM in die nächste M) bis zum Rundenende, wechseln zu **Pink 046** in den letzten 2 Schlingen der letzten M. (30)
R 6-13: FM in jede M. (30)
R 14: FM in die nächsten 4 M, 15 LM, 7 M überspringen, FM in die nächsten 8 M, 15 LM, 7 M überspringen, FM in die nächsten 4 M. (16 M, 30 LM)
R 15: KM in die nächste 4 M, KM in die nächste 15 LM, KM in die nächste 8 M, KM in die nächste 15 LM, KM in die nächste 4 M, abmaschen. (46)

Gießkanne

Gießkanne

Für eine Gießkanne werden 12 g mitteldickes Garn benötigt (Garnstärke DK bzw. light worsted).
Robin DK: Grün 162 oder Orange 063.

Teil 1

R 1: Mit zwei Fäden Grün 162 und Häkelnadel Nr. 5, 2 LM, 6 FM in die zweite LM von der Häkelnadel aus. (6)
R 2: 2 FM in jede M. (12)
R 3: (FM in die nächste M, 2 FM in die nächste M) wiederholen. (18)
R 4: (2 FM in die nächste M, FM in die nächsten 2 M) wiederholen. (24)
R 5: Nur in die hinteren Maschenglieder arbeiten. FM in jede M.
R 6-10: FM in jede M.
R 11: FM in jede M, mit KM in die erste M verbinden, den Henkel beginnen; 10 LM, 12 M überspringen, mit KM in die nächste M verbinden, KM in jede folgende M, mit KM in die erste M verbinden. Abmaschen.

Teil 2

R 1: 2 LM, 6 FM in die zweite LM von der Häkelnadel aus. (6)
R 2: 2 FM in jede M. (12)
R 3: Nur in die hinteren Maschenglieder arbeiten. (mit FM die nächsten 2 M zus) wiederholen. (6)
R 4: FM in jede M. (6)
R 5: mit FM die nächsten 2 M zus, bis zum Rundenende, mit KM in die erste M verbinden. Abmaschen. (3)

Fertigstellen: Runde 5 des zweiten Teils über die Runden 7 und 8 von Teil 1 nähen.

Große Tragetasche

Große Tasche: Boden im Durchmesser = 24 cm

Eine Häkelnadel der Stärke 6 verwenden und dickes Garn (Garnstärke chunky bzw. bulky): 40 g in einer dunklen Farbe und 140 g in einer hellen Farbe.

- Hayfield Bonus Chunky in Bubblegum 776.
- Robin Chunky in Pink 046.

Kleine Tasche: Boden im Durchmesser= 22 cm

Eine Häkelnadel der Stärke 5 verwenden und 2 Fäden mitteldickes Garn (Garnstärke DK bzw. light worsted): 35 g in einer dunklen Farbe und 130 g in einer helleren Farbe. Robin Chunky in Grün 162 und Gelb 060.

Tasche

R 1: In der **dunklen Farbe (Farbe des Bodens)**, 2 LM, 6 FM in die zweite LM von der Häkelnadel aus. (6)
R 2: 2 FM in jede M. (12)
R 3: (2 FM in die nächste M, FM in die nächste M) wiederholen. (18)
R 4: (FM in die nächsten 2 M, 2 FM in die nächste M) wiederholen. (24)
R 5: (FM in die nächsten 3 M, 2 FM in die nächste M) wiederholen. (30)
R 6: FM in die nächsten 2 M, 2 FM in die nächste M, (FM in die nächsten 4 M, 2 FM in die nächste M) 5-mal, FM in die nächsten 2 M. (36)
R 7: (FM in die nächsten 5 M, 2 FM in die nächste M) wiederholen. (42)
R 8: FM in die nächsten 3 M, 2 FM in die nächste M, (FM in die nächsten 6 M, 2 FM in die nächste M) 5-mal, FM in die nächsten 3 M. (48)
R 9: (FM in die nächsten 7 M, 2 FM in die nächste M) wiederholen. (54)
R 10: FM in die nächsten 4 M, 2 FM in die nächste M, (FM in die nächsten 8 M, 2 FM in die nächste M) 5-mal, FM in die nächsten 4 M. (60)
R 11: (FM in die nächsten 9 M, 2 FM in die nächste M) wiederholen. (66)
R 12: FM in die nächsten 5 M, 2 FM in die nächste M, (FM in die nächsten 10 M, 2 FM in die nächste M) 5-mal, FM in die nächsten 5 M. (72)
R 13: (FM in die nächsten 11 M, 2 FM in die nächste M) wiederholen. (78)
R 14: FM in die nächsten 6 M, 2 FM in die nächste M, (FM in die nächsten 12 M, 2 FM in die nächste M) 5-mal, FM in die nächsten 6 M. (84)
R 15: (FM in die nächsten 13 M, 2 FM in die nächste M) wiederholen. (90)
R 16: FM in die nächsten 7 M, 2 FM in die nächste M, (FM in die nächsten 14 M, 2 FM in die nächste M) 5-mal, FM in die nächsten 7 M. (96)
R 17: (FM in die nächsten 15 M, 2 FM in die nächste M) bis zum Rundenende, wechseln zur **helleren Farbe (Hauptfarbe der Tasche)** in den letzten 2 Schlingen der letzten M. (102)
R 18-44: FM in jede M. (102)
R 45: FM in die nächsten 15 M, 50 LM, 21 M überspringen, FM in die nächsten 30 M, 50 LM, 21 M überspringen, FM in die nächsten 15 M, mit KM in die erste M verbinden. (60 M, 100 LM)
R 46: 3 LM (zählen als ein Stb), Stb in die nächsten 2 M zusammen, (Stb in die nächste M, Stb in die nächsten 2 M zusammen) 4-mal, (die nächsten beiden LM mit einem Stb zusammen abmaschen) 3-mal, Stb in die nächste 38 LM, (die nächsten beiden LM mit einem Stb zusammen abmaschen) 3-mal, (Stb in die nächsten 2 M zusammen, Stb in die nächste M) 5-mal, (Stb in die nächste M, Stb in die nächsten 2 M zusammen) 5-mal, (die nächsten beiden LM mit einem Stb zusammen abmaschen) 3-mal, Stb in die nächste 38 LM, (die nächsten beiden LM mit einem Stb zusammen abmaschen) 3-mal, (Stb in die nächsten 2 M zusammen, Stb in die nächste M) 5-mal, KM in die erste M. (128)
R 47: 3 LM (zählen als ein Stb), 2 Stb in die nächste M, (Stb in die nächste M, 2 Stb in die nächste M) 4-mal, 2 Stb in die nächsten 3 M, Stb in die nächsten 38 M, 2 Stb in die nächsten 3 M, (2 Stb in die nächste M, Stb in die nächste M) 5-mal, (Stb in die nächste M, 2 Stb in die nächste M) 5-mal, 2 Stb in die nächsten 3 M, Stb in die nächsten 38 M, 2 Stb in die nächsten 3 M, (2 Stb in die nächste M, Stb in die nächste M) 5-mal, KM in die erste M, langen Faden zum Annähen lassen (135 cm), abmaschen. (160)

Die letzte Runde zusammenlegen und vernähen (siehe Bild unten).

Garn verbinden

Wie neues Garn angeschlagen wird.

Garn an freie M anschlagen, 1 LM, FM in die gleiche M.

Die kleinen Puppen sind aus dem Buch **Süße Amigurumi** (28 Häkelanleitungen)

Anmerkungen zu der Anleitung

Zum besseren Verständnis der Anleitungen.

Zahl am Ende

R 4: **(FM in die nächsten 2 M, 2 FM in die nächste M) wiederholen.** (24)

Zahl (24) am Ende der Runde = Anzahl der Maschen nach Fertigstellen der Runden.

Wiederholen

R 5: **(FM in die nächsten 3 M, 2 FM in die nächste M) wiederholen. (30)**

Wiederholen (FM in die nächsten 3 M, 2 FM in die nächste M) bis zum Ende der Runde.

=> R 5: (FM in die nächsten 3 M, 2 FM in die nächste M), (FM in die nächsten 3 M, 2 FM in die nächste M), (FM in die nächsten 3 M, 2 FM in die nächste M), (FM in die nächsten 3 M, 2 FM in die nächste M), (FM in die nächsten 3 M, 2 FM in die nächste M), (FM in die nächsten 3 M, 2 FM in die nächste M)

Gesamtanzahl der Maschen von R 5 = 5+5+5+5+5+5 = 30 M

x-mal

R 6: **FM in die nächsten 2 M, 2 FM in die nächste M, (FM in die nächsten 4 M, 2 FM in die nächste M) 5-mal, FM in die nächsten 2 M. (36)**

Angaben in der Klammer (FM in die nächsten 4 M, 2 FM in die nächste M) 5-mal wiederholen

=> R 6: FM in die nächsten 2 M, 2 FM in die nächste M, (FM in die nächsten 4 M, 2 FM in die nächste M), (FM in die nächsten 4 M, 2 FM in die nächste M), (FM in die nächsten 4 M, 2 FM in die nächste M), (FM in die nächsten 4 M, 2 FM in die nächste M), (FM in die nächsten 4 M, 2 FM in die nächste M), FM in die nächsten 2 M.

Gesamtanzahl der Maschen von R 6 = 2+2+6+6+6+6+6+2 = 36 M

Informieren Sie sich via www.facebook.com/kandjdolls.amigurumi.patterns über neue Puppen, Kleidung und Accessoires.

Garnstärken

USA		UK	Deutsch m/ 100g	Empfohlene Häkelnadel Größe in mm
0 Lace	Lace weight	1 ply	600-800 (Lace-/Spitzengarn, 1-fädig)	1,5 - 2,25 mm
1 Super fine	Fingering	2 ply	400-480 (2-fädig)	2,25 - 3 mm
	Sock	3 ply	300-400 (Sockenwolle, 3-fädig)	2,25 - 3,5 mm
2 Fine	Sport	4 ply	240-300 (Sportwolle, Sockenwolle 4-fädig)	3,5 - 4,5 mm
3 Light	DK Light worsted	DK	200-240 (Mitteldickes Garn)	4,5 - 5,5 mm
4 Medium	Worsted	Aran	160-120 (Mitteldickes/dickes Garn)	5,5 - 6,5 mm
5 Bulky	Bulky	Chunky	110-130 (Dickes Garn, Schnellstrickgarn)	6,5 - 9 mm
6 Super Bulky	Super Bulky	Super Chunky	<100 (Sehr dickes Garn)	9 mm und größer

Umrechnung der Häkelnadelstärken

Häkelnadel in mm	USA	UK	Japan
2,00 mm	--	14	2/0
2,25 mm	B/1	13	3/0
2,50 mm	--	12	4/0
2,75 mm	C/2	--	--
3,00 mm	--	11	5/0
3,25 mm	D/3	10	--
3,50 mm	E/4	9	6/0
3,75 mm	F/5	--	--
4,00 mm	G/6	8	7/0
4,50 mm	7	7	7,5/0
5,00 mm	H/8	6	8/0
5,50 mm	I/9	5	--
6,00 mm	J/10	4	10/0
6,50 mm	K/10,5	3	7
7,00 mm	--	2	--
8,00 mm	L/11	0	8
9,00 mm	M/13	00	9
10,00 mm	N/15	000	10

Copyright

Deutsche Erstveröffentlichung
Erscheinungsdatum: 14. Januar 2015
ISBN: 978-1-910407-17-2
Herausgeber: K and J Publishing, 16 Whitegate Close, CB24 4TT, Swavesey, Cambridge, England
Übersetzung: Chahrazaad Salim
Lektorat: Gloria Fochs
Originaltitel: Dress Up Dolls Amigurumi Crochet Patterns

Dies ist der dritte Band aus die Serie „Sayjais Amigurumi Häkelanleitungen". Band 1 und 2 (siehe unten) können im Onlinebuchhandel bestellt werden:

Süße Amigurumi
28 Häkelanleitungen
Autorin: Sayjai Thawornsupacharoen
Taschenbuch
ISBN: 978-1910407059

Hab- mich- lieb- Amigurumi Puppen
15 Anleitungen für Kuschelpuppen
Autorin: Sayjai Thawornsupacharoen
Taschenbuch
ISBN: 978-1910407042

5351890R00054

Printed in Germany
by Amazon Distribution
GmbH, Leipzig